**HANNS LINHARDT**

**Die historische Komponente
der funktionalen Betriebswirtschaftslehre**

Betriebswirtschaftliche Schriften

Heft 14

# Die historische Komponente der funktionalen Betriebswirtschaftslehre

Von

Hanns Linhardt

o. Prof. der Betriebswirtschaftslehre
an der Friedrich-Alexander-Universität Erlangen-Nürnberg

DUNCKER & HUMBLOT / BERLIN

Alle Rechte vorbehalten
© 1964 Duncker & Humblot, Berlin
Gedruckt 1964 bei Max Schönherr, Berlin 65
Printed in Germany

# Vorwort

Nun mögen die Historiker darüber lächeln, wie ein Betriebswirt es anstellt, die historische Komponente betrieblicher Grundfunktionen herauszuarbeiten; die Wirtschafts- und Sozialhistoriker mögen zürnen, daß hier soviel schief gesehen, falsch beurteilt, schlecht eingeordnet und gänzlich außer Acht gelassen wurde.

Ja, man hätte sich für die Behandlung der historischen Komponente der funktionalen Betrachtungsweise der Betriebswirtschaftslehre einen Historiker gewünscht. Aber was hätte der zünftige Historiker über betriebliche Funktionen in historischer Betrachtung — also noch innerhalb zünftiger Behandlungsweise — zu berichten vermocht! Es wäre ihm nichts eingefallen: Einkauf, Verkauf, Lagerhaltung, Rückfracht — sind das auch schon Anlässe für einen Historiker! Ob das Vermögen der Reichen eines Landes in Schiffen angelegt ist oder in Häusern, ob die Jugend einer Nation kaufmännisch erzogen wird oder militärisch, was macht das schon aus!

„Wie anders tragen uns die Geistesfreuden
Von Buch zu Buch, von Blatt zu Blatt!
Da werden Winternächte hold und schön..."

(Goethe, Faust I, Osterspaziergang.)

Die ältere deutsche Betriebswirtschaftslehre (E. Schmalenbach, E. Walb u. a.) hat das unstreitbare Verdienst, das historische Interesse neu belebt zu haben, die Geschichte der Buchhaltung, der die Italiener soviel Reize abgewinnen, überhaupt erst aufgenommen, die bei den Vertretern der älteren und der neueren Historischen Schule der deutschen Nationalökonomie liegen gebliebene Erforschung der Kameralistik neu begonnen zu haben. Hingegen hat die neueste Betriebswirtschaftslehre das fragwürdige Verdienst, sich von jeder historischen Betrachtung losgesagt zu haben. Da wo sich die funktionale Betrachtungsweise ausbreitet, wird die Lösung von geschichtlicher Betrachtung eindeutig. Gerade deshalb wird hier versucht, an die betrieblichen Grundfunktionen anzuknüpfen und ihre historische Verflechtung aufzuzeigen.

Um das zu vertiefen, was hier nur berührt wird, müßte ein Historiker ans Werk gehen, der von der Betriebswirtschaftslehre etwas versteht, oder ein Betriebswirt, der in der Historie beschlagen ist, wenigstens so wie R. Seyffert oder J. Löffelholz, die beiden Antagonisten seit drei

Jahrzehnten, oder wie Balduin Penndorf, der unübertroffene Historeograph der „Geschichte der Buchhaltung in Deutschland" (Leipzig 1913) oder Eduard Weber, der verdienstvolle Autor der „Geschichte der Literatur der Handelsbetriebslehre" (Tübingen 1914). Aber es will sich kein Historiker mit betriebswirtschaftlichem Boden, kein Betriebswirt mit historischem Einschlag finden, dem das hier behandelte Thema zusagt, heute weniger als vor sechzig Jahren, als Werner Sombart es beklagte, daß es noch immer keine deutsche Bankgeschichte gäbe. Und was haben andere Völker in sechzig Jahren an historischen Werken zustande gebracht, allen voran die Amerikaner, nach ihnen die Engländer, Italiener, Franzosen!

Eine hohe Woge wirtschaftshistorischer Forschung schlägt an die Gestade der westlichen Welt — Deutschland bleibt davon unberührt. Oxford und Cambridge wetteifern mit New York, Chicago und Kalifornien, Deutschland nimmt davon keine Kenntnis. In Kleinasien werden unter maßgeblicher Mitwirkung amerikanischer Archäologen alte Kulturen vor 3000 Jahren freigelegt, ihre Hauptstädte ermittelt, ihre Kultstätten nachgewiesen, ihre Schriftzeichen enträtselt, in Deutschland freut man sich über ein paar Mosaiksteine aus Köln und Trier um 200 n. Chr.

Es ist wie wenn der neuheidnische Nazi-Rummel mit dem Hakenkreuz, den Runen und Fibeln und Heilszeichen das echte historische Interesse an Frühgeschichte und Zeitgeschichte erstickt hätte. Nichts regt sich, was über die Zäune der abgezirkelten Disziplinen universitärer Begrenzung hinausragen würde, aber von Hochschul- und Studienreform wird um so lauter gesprochen und um so länger geschrieben.

Da ist schließlich so ein bißchen Dilettantismus erlaubt, wie er hier getrieben wird, kann er doch zu ernsterer Besinnung oder gar Beschäftigung Anlaß geben. Wer weiß, ob nicht von der hier gegebenen Unzulänglichkeit angeregt, ein ernster Genius die historischen Geschäfte eines Tages betreibt und Einsichten zu Tage fördert, die zu neuen Ausblicken führen und neue Fragen in sich bergen.

Dem Materiellen im Leben ist seit der weit verbreiteten Pflege der Wirtschafts- und Sozialwissenschaften vieles von seiner Inferiorität genommen, der Wohlfahrt ist vielleicht sogar zuviel Superiorität gegeben, das historische Interesse ist vielerorts im Werden; warum sollte nicht auch die Wirtschaftsgeschichte davon profitieren und die Betriebswirtschaftslehre davon etwas abgewinnen, wenn Betriebsfunktionen historisch gebeizt werden.

Nürnberg, Juni 1964.                                                Hanns Linhardt

# Inhaltsverzeichnis

I. Der geisteswissenschaftliche Charakter der
    Betriebswirtschaftslehre . . . . . . . . . . . . . . . . . . 9
    1. Einheit und Polarität . . . . . . . . . . . . . . . . . . . 10
    2. Spannung und Linie . . . . . . . . . . . . . . . . . . . 14
    3. Extremisierung und Zentrierung . . . . . . . . . . . . . 18

II. Betrieb — Unternehmung — Markt . . . . . . . . . . . . . 23
    1. Betrieb . . . . . . . . . . . . . . . . . . . . . . . . . . 23
    2. Unternehmung . . . . . . . . . . . . . . . . . . . . . . 26
    3. Markt . . . . . . . . . . . . . . . . . . . . . . . . . . . 29

III. Beschaffung — Absatz — Preispolitik . . . . . . . . . . . . 33
    1. Beschaffung . . . . . . . . . . . . . . . . . . . . . . . . 33
    2. Absatz . . . . . . . . . . . . . . . . . . . . . . . . . . 37
    3. Preispolitik . . . . . . . . . . . . . . . . . . . . . . . . 42

IV. Lagerhaltung — Transport — Fertigung . . . . . . . . . . . 45
    1. Lagerhaltung . . . . . . . . . . . . . . . . . . . . . . . 45
    2. Transport . . . . . . . . . . . . . . . . . . . . . . . . . 47
    3. Fertigung . . . . . . . . . . . . . . . . . . . . . . . . . 49

V. Risiko — Versicherung — Verzinsung . . . . . . . . . . . . 53
    1. Risiko . . . . . . . . . . . . . . . . . . . . . . . . . . . 53
    2. Versicherung . . . . . . . . . . . . . . . . . . . . . . . 56
    3. Verzinsung . . . . . . . . . . . . . . . . . . . . . . . . 58

VI. Rechnung — Planung — Prüfung . . . . . . . . . . . . . . 62
    1. Rechnung . . . . . . . . . . . . . . . . . . . . . . . . . 62
    2. Planung . . . . . . . . . . . . . . . . . . . . . . . . . . 69
    3. Prüfung . . . . . . . . . . . . . . . . . . . . . . . . . . 74

VII. Investierung — Finanzierung — Koordinierung . . . . . . . 78
    1. Investierung . . . . . . . . . . . . . . . . . . . . . . . . 78
    2. Finanzierung . . . . . . . . . . . . . . . . . . . . . . . 83
    3. Koordinierung . . . . . . . . . . . . . . . . . . . . . . 91

VIII. Universalgeschichte — Sozial- und Wirtschaftsgeschichte —
    Kultur- und Zeitgeschichte . . . . . . . . . . . . . . . . . 100
    1. Universalgeschichte . . . . . . . . . . . . . . . . . . . . 100
    2. Sozial- und Wirtschaftsgeschichte . . . . . . . . . . . . . 104
    3. Kultur- und Zeitgeschichte . . . . . . . . . . . . . . . . 106

Namenverzeichnis . . . . . . . . . . . . . . . . . . . . . . . . . 109

Stichwortverzeichnis . . . . . . . . . . . . . . . . . . . . . . . 114

# I. Der geisteswissenschaftliche Charakter der Betriebswirtschaftslehre

Gäbe es nicht auch die andere Betrachtungsweise, die die Betriebswirtschaftslehre in die Naturwissenschaften einreiht und in einer quasinaturwissenschaftlichen Art die mathematische Methode anwendet, so wäre über den geisteswissenschaftlichen Charakter der Betriebswirtschaftslehre kein Wort zu verlieren. Die verschiedenen Versuche, wirtschaftliche Probleme exakt zu behandeln und mit naturwissenschaftlichen Methoden zu lösen, mögen als Begleiterscheinung jenes Siegeszuges der Naturwissenschaften und der Technik verstanden werden, wie er die zweite Hälfte des 19. Jahrhunderts prägt und noch den Anfang des 20. Jahrhunderts kennzeichnet.

Mittlerweile haben die schauerlichen Ergebnisse einer Massenvernichtung in zwei Weltkriegen, nicht minder die entsetzlichen Ereignisse der Tötung, Vertreibung, Verfolgung, des Massenwahns jenseits der eigentlichen Kriegshandlungen den Siegeszug der Naturwissenschaften fragwürdig erscheinen lassen. Religion und Moral, Soziologie und Geschichte, Philosophie und Kunst sind aufgeboten, dem menschlichen Leben in Staat und Gesellschaft ein neues Fundament zu geben, nachdem die Massenzerstörung der beiden Weltkriege Abermillionen von Menschenleben, dazu Milliarden an Sachwerten, Häusern und Werkanlagen vernichtet hat und die entladene Atomenergie der Gegenwart alles Leben, Mensch, Tier und Pflanze, auf dem Erdball zu vernichten droht.

Die Besinnung auf sozialethische Werte und sozialwissenschaftliche Grundvoraussetzungen für das menschliche Zusammenleben wächst. In der Betriebswirtschaftslehre macht sich neben der betont naturwissenschaftlich-quantitativen und mathematisch ausgerichteten Fachrichtung eine betont qualitative Orientierung bemerkbar, die vom Menschen als Individuum und Gruppe ausgeht und menschliche Wertungen und Schätzungen, wie sie sind, nicht wie jemand sie möchte, menschliche Ziele und Erwartungen, wie sie aufgestellt und gehegt werden, nicht wie sie jemand normieren und konformieren möchte, als bestimmend ansieht, eine Richtung, die in der Erforschung menschlichen Zusammenwirkens und Zusammenlebens, in der Pflege menschlicher Beziehungen nicht nur einen Ausgleich und eine Ergänzung zu der unvermeidlich objektivierten Arbeitsordnung, terminierten Betriebsplanung und der rationalisierten Werkverrichtung erblickt, sondern betont im Menschen das Herrschende, in der sachlichen Apparatur das Dienende, in der Gestaltung der Beziehungen zwischen Mensch und Sache das Vernünftige erblickt.

Empirie und Theorie sind von jeher die beiden Erkenntnisquellen in den Natur- und Geisteswissenschaften gewesen. Empirie aber heißt Geschichte, heißt Sammlung, Gliederung und Wertung geschichtlicher Daten und Ereignisse; Theorie hingegen bedeutet Ordnung, Begründung, Gliederung, System, heißt Forschungsziele formulieren, Arbeitshypothesen entwickeln, Wissenschaftsprinzipien verfolgen. Ohne Theorie kann es keine Geschichte, weder als Tatsachensammlung noch als System, geben[1]. Auch in der Betriebswirtschaftslehre gehören Empirie und Theorie zusammen.

Im folgenden Abschnitt soll gezeigt werden, wo in der Betriebswirtschaftslehre Ansätze einer inneren Einheit erkennbar sind und wo eine gewisse Polarität solche Ansätze beeinträchtigt (1); es soll erörtert werden, worin die inneren Spannungen dieser Disziplin bestehen, wie sie zur Entfaltung nach außen, zur Durchdringung und Ausformung benutzt werden können und wohin die zentrifugalen Kräfte drängen (2); der Abschnitt schließt damit, die Extremisierung und ihre Gegenwirkung in Richtung einer Zentrierung aufzuzeigen (3).

## 1. Einheit und Polarität

An der Bahre des Altbundespräsidenten Theodor Heuss beim Staatsbegräbnis in Stuttgart am 16. Dezember 1963 führte der liberale Politiker Reinhold Maier aus, er habe oft und oft mit Theodor Heuss und Carl Jacob Burckhardt darüber diskutiert, wie die drei Grundkräfte des menschlichen Lebens — Geld, Geist und Gewalt — Staat und Gesellschaft beherrschen. Wenn eines von ihnen die Oberhand gewinnt, steht es schlecht um das menschliche Gemeinschaftsleben; solange sie einander im Gleichgewicht halten, indem eine zwischen die beiden anderen tritt und den Ausgleich herstellt, sei das Gemeinschaftsleben gewährleistet (vgl. FAZ vom 17. 12. 1963).

An dieser Dreiheit von Geld, Geist und Gewalt stimmt etwas nicht. Die Gewalt gehört nicht zu den Grundkräften und besteht nicht für sich allein. Im Zeitalter der Verkehrswirtschaft, seit dem 13. Jahrhundert mindestens durch die Ausbreitung des Geldes begründet, aber schon über große Zeitperioden in der Antike vorhanden, stellt sich mit dem Geld

---
[1] Ortega y Gasset, José: Historia como sistema y Del imperio Romano, 1935, dt. von G. Lepiorz: Geschichte als System und Über das römische Imperium, 1943, 2. Aufl., Stuttgart 1952.

auch die Gewalt ein. Wer Geld besitzt, übt die Gewalt über Menschen und Dinge, er kann menschliche Talente beschäftigen, gewaltige Werke an Bauten, Festungsanlagen, Straßen, Brücken, Häfen und Schiffen vollbringen, mächtige Heere aufstellen. Der Soldat leitet seine Bezeichnung vom Sold ab, dem Entgelt für geleistete Dienste in Krieg und Frieden. Geld führt seinem Inhaber alle Güter zu, die überhaupt menschlich erreichbar sind. Geist hingegen ist der extreme Gegensatz zum Geld, sofern man darin, wie im Zeichen der Verkehrswirtschaft, zugleich die Gewalt über Menschen und Dinge erblickt, denn Geist ist machtlos und wird auch richtig so definiert.

Geist strebt nicht nach Gewalt, während Gewalt vielfach geistlos auftritt und nur in seltenen Ausnahmefällen verkörpern aufgeklärte oder humane Despoten eine Verbindung zwischen ihnen. Sieht man also von Gewalt ab und stellt Geld und Geist gegenüber, so ist darin die Polarität innerhalb der Einheit der Betriebswirtschaftslehre genügend gekennzeichnet, zugleich auch deren Gefährdung durch eine Beeinträchtigung des Gleichgewichtes zwischen Geld und Geist. Geld ist hierbei der Zugang zum Gut, zur Güterwelt im weitesten Sinn, es ist die Voraussetzung für den Erwerb, ebenso aber der erhoffte und zielstrebig verfolgte Zustand im nächsten Stadium der Veräußerung zwecks Verwertung.

Geld und Gut sind sonach innerhalb der Betriebswirtschaftslehre niemals Endstationen im Denken und Handeln des wirtschaftenden Menschen, es sind immer nur Durchgangsstadien, vorübergehender Aufenthalt im immerwährenden Prozeß der Umwandlung (Umsetzung, Umsatz). Anders wäre die Konzeption des Wirtschaftskreislaufes nicht verständlich. Sie beruht auf der ständigen Umkreisung von Geld und Gut, die einander suchen, die sich aufeinander zu, voneinander fortbewegen — jedes in seinem Kreis. Ohne die Konzeption des Wirtschaftskreislaufes mit seinen entgegengesetzten Strömungen, dem Geldstrom und dem Güterstrom, wäre das Wirtschaftsgeschehen nicht verständlich zu machen. Der Wirtschaftskreislauf ist die einfachste Formel allen wirtschaftlichen Geschehens, die auf letzte Grundvorgänge reduzierte Gesamtkonzeption der Wirtschaft, die einzig mögliche Erfassung durch die Wirtschaftswissenschaft.

Von diesem einfachsten Modell aus sind alle Wirtschaftsphasen Teilphasen, alle Wirtschaftsinhalte Teilinhalte, alle Wirtschaftsvorgänge Teilvorgänge, derart, daß ihre jeweilige Unterscheidung solche Teile bildet, die aufeinander hinweisen, voneinander abhängen, einander tragen bis in die letzten Verzweigungen der Wirtschaft (Handel, Industrie, Verkehr, Energie usw.) und ihre Schwankungen (Saison, Rhythmus, Konjunktur). Nur von diesem einfachsten Denkmodell aus kann die

Produktion positiv begriffen werden als Voraussetzung der Distribution und der Konsumtion, die Distribution als Verbindungsstück zwischen Produktion und Konsumtion, die Konsumtion als Endphase, von der über die Einkommenverwendung die Produktion einen neuen Anfang nimmt. Negativ gesehen ist dann Produktion alles, was weder Distribution noch Konsumtion ist, Distribution ist alles, was weder Produktion noch Konsumtion ist, Konsumtion ist alles, was weder Produktion noch Distribution ist. Aus jeder dieser drei Teilphasen leiten sich wie vor 200 Jahren, als diese Grundkonzeption mit Quesnay's Tableau Economique (1758) gewonnen und in dem Drei-Phasen-Kreislauf von Jean Baptiste Say ausgearbeitet wurde, alle Teilbereiche und Teilprobleme, die Einkommentheorie wie die Kosten- und Preistheorie, die Theorie der Produktion wie die der Konsumtion ab. (Vgl. Plenge-Linhardt, Das System der Verkehrswirtschaft, Tübingen 1964.)

Dient der Gedanke der Einheit der Betriebswirtschaftslehre dem Ziel einer Zusammenfassung, Ausrichtung und Übersicht, so ermöglicht der Gedanke der Polarität die Ausweitung im abstrakten geistigen Raum und dessen Erfüllung durch spannungsreiche, auseinanderstrebende und dabei aufeinander einwirkende Inhalte. Das wäre keine Wissenschaft, die davon nichts hätte. Zuviel an Polarität gefährdet die Einheit, zu wenig reduziert und verengt das geistige Leben. Keine Wissenschaft drängt einmal zur Einheit und ein andermal zur Polarität. Immer durchdringen sich Bestrebungen zur Vereinheitlichung und zur Differenzierung gegenseitig. Werden aber die Pole weiter auseinander gezogen und stärker geladen, so erfährt die Einheit eine zunehmende, wenn nicht gar bedenkliche Belastung. Dann ist es gut, wenn neue Kräfte einsetzen, die zur Einheit drängen. Der moderne Vorgang der Spezialisierung wissenschaftlicher Disziplinen ist in der Betriebswirtschaftslehre so gut wie in anderen Wissenschaften vorhanden. Er ist — selten richtig erkannt — von ständigen Grenzkonflikten und Grenzstreitigkeiten begleitet, die immer wieder zu Absplitterungen und Annäherungen gegenüber benachbarten Disziplinen führen. Bei einer so jungen Wissenschaft wie der Betriebswirtschaftslehre sind derartige Grenzsituationen durchaus nicht immer als Zeichen lebendiger Auseinandersetzungen positiv zu werten, sie können angesichts der engen Berührung mit zahlreichen Nachbardisziplinen eine für den Bestand der Betriebswirtschaftslehre durchaus bedenkliche Situation einleiten[2]. Dies gilt insbesondere für die

---

[2] Linhardt, Hanns: Volkswirtschaftliche Lehrmeinungen über die Betriebswirtschaftslehre, in: Festgabe für Friedrich Bülow zum 70. Geburtstag, hrsg. v. O. Stammer und K. C. Thalheim, Berlin 1960, S. 237—255; ders.: Die Nachbarwissenschaften der Betriebswirtschaftslehre, gesehen unter den Auspizien der Trinität von Markt, Unternehmung und Betrieb; in: Betriebswirtschaftslehre und Wirtschaftspraxis. Festschrift für Konrad Mellerowicz, hrsg. v. H. Schwarz und K. H. Berger, Berlin 1961, S. 229—245.

benachbarten Disziplinen der Soziologie, Psychologie, der Arbeitswissenschaften, Techniklehre, Volkswirtschaftslehre, Rechtswissenschaften, Finanzwissenschaft mit ihren jeweiligen Untergliederungen. Die Soziologie bemächtigt sich als Wirtschafts- und Betriebssoziologie der Gruppengebilde, sie beschäftigt sich mit dem Problem der Führungskräfte in der Wirtschaft, ihrer Auslese und Heranbildung. Die Psychologie dringt auf breiter Front in die Erscheinungsformen menschlichen Verhaltens in der Wirtschaft, in „Arbeit und Beruf"[3] ein, sie durchtränkt das Verhalten des wirtschaftenden Menschen an den jeweiligen Über-, Ein- und Unterordnungen, in den anordnenden und ausführenden Funktionen mit der Problematik der Motive und führt die sog. Motivforschung in Absatz, Werbung und Verkaufsmethoden ein. Die Arbeitswissenschaft, ein Sammelbegriff, in dem Physiologie, Psychologie, Soziologie mit der Technik mechanischer Geräte und Apparaturen einschließlich der Meßgeräte und Wertungsmethoden zur Beurteilung menschlicher Leistung zusammengefaßt werden, befaßt sich mit dem arbeitenden Menschen in Werkstatt und Büro, in den privatwirtschaftlichen Betrieben und den öffentlichen Behörden und ergänzt sich mit der sog. Verwaltungswissenschaft, die ursprünglich vom Recht herkommt und sich immer mehr zu einer allgemeinen Verwaltungstechnik (Business Administration) ausweitet. Die Techniklehre, verstanden als angewandte Naturwissenschaft, galt ursprünglich als betont objektive Lehre von der Stoffgewinnung (Urproduktion, Mineralien, Agrarprodukte) und der Stoffverarbeitung (Kohle, Eisen, Stahl, Faserstoffe usw.), gewinnt aber durch Einbeziehung der Arbeitswissenschaft, darunter der wissenschaftlichen Arbeitsanalyse, wie sie zuerst von F. W. Taylor unternommen und beschrieben wurde, weithin betriebswirtschaftliche Anwendung und Geltung. Von der Volkswirtschaftslehre gilt, daß sie nach Meinung einzelner Vertreter sogar schon mit der Betriebswirtschaftslehre die Einheit der Wirtschaftswissenschaften darstelle[4]. Damit ist schon gesagt, wie eng die Berührungen der beiden Disziplinen geworden sind. Die Rechtswissenschaften in ihrer zweifachen Orientierung nach Gesetz und Vertrag, den beiden Bereichen des öffentlichen und des privaten Rechtes, dienen nicht nur der Schöpfung und Interpretation neuer Rechtsformen, wie sie der wirt-

---

[3] Scharmann, Theodor: Arbeit und Beruf. Eine soziologische und psychologische Untersuchung über die heutige Berufssituation. Civitas Gentium, Schriften zur Soziologie und Kulturphilosophie, hrsg. v. Max Graf zu Solms, F. Hodeige, K.-H. Pähler, Tübingen 1956; Dörschel, Alfons: Arbeit und Beruf in wirtschaftspädagogischer Betrachtung, Freiburg/Br. 1960.

[4] Linhardt, Hanns: Weder Begriffsrigorismus noch Begriffsanarchismus in der Objektbestimmung!, in: Der Betrieb in der Unternehmung. Festschrift für Wilhelm Rieger zu seinem 85. Geburtstag, hrsg. v. J. Fettel und H. Linhardt. Stuttgart 1963, S. 27—67; ders.: Angriff und Abwehr im Kampf um die Betriebswirtschaftslehre, Betriebswirtschaftliche Schriften, Heft 11, Berlin 1963.

schaftliche Verkehr und die neuzeitliche Technik erfordern, sondern einer ständigen Angleichung zwischen dem alten und dem neuen Recht, dem öffentlichen und dem privaten, dem nationalen und internationalen Recht, wobei immer die wirtschaftlichen Inhalte und gerade solche des Betriebes mit seinen Vertragsgestaltungen die eigentliche Substanz abgeben, die durch das Recht in die rechte Form zu bringen ist. Die Finanzwissenschaft als die Lehre von der Beschaffung, Verwaltung und Verwendung öffentlicher Geldmittel steht in engster Wechselwirkung mit der Volkswirtschaftslehre einerseits, der Betriebswirtschaftslehre anderseits, letzteres allein schon durch die im Betrieb aufgebrachten Steuern und ihre Behandlung in der betrieblichen Steuerlehre bzw. steuerlichen Betriebslehre.

## 2. Spannung und Linie

Die Spannung betrifft das innere Verhältnis einer Disziplin, wie eben unter dem Ausdruck der Polarität erörtert, die Linie hingegen bezeichnet die äußerliche Umgrenzung. Spannungen mögen in einer Disziplin zwischen Objekt und Betrachtungsweise bestehen, aber auch zwischen Forschung und Lehre, zwischen dem Erkenntnisproblem und der Verfahrensweise, zwischen dem Hauptsächlichen und dem Nebensächlichen, den primären und sekundären Forschungsaufgaben, den primären und sekundären Bestandteilen eines Lehrgebäudes, zwischen den Gruppen- und Gemeinschaftsforschungen, wie sie in Sammelwerken, Handbüchern und Grundrissen zutage treten, und der individuellen Gelehrtenarbeit, insbesondere der von Einzelgängern; schließlich besteht die Spannung auch zwischen Abstraktion und Anschauung, zwischen dem materiellen Inhalt und den sog. Leerbegriffen, zwischen dem erfahrbaren und lehrbaren Wissen einerseits und der Denkschulung anderseits.

Das Objekt ist zwar gegeben, es wird aber erst durch seine Definition wissenschaftlich haltbar gemacht und diese Haltbarkeit erleidet eine Modifikation durch die Betrachtungsweise. Allein dadurch werden vorhandene Spannungen gesteigert. Andere Spannungen, wie solche zwischen Lehre und Forschung, ergeben sich in der Person des einzelnen Gelehrten, vor allem aber aus der Pluralität des sog. Lehr- und Forschungsbetriebes. Der ernsthafte Gelehrte stöhnt unter der Arbeitslast der Lehre bei steigendem Andrang der Studierenden und damit verbundenen Prüfungsobliegenheiten. Er entbehrt die Muße, die allein den Forschungstrieb zur Entfaltung bringt und Ergebnisse zeitigt. Noch stärker ist die Spannung zwischen Lehre und Forschung innerhalb der sog. Gelehrtenrepublik, in der ein Teil, vermutlich der weitaus geringere, der Forschung zugetan ist, während der andere sich mit der Repräsentation und Vermittlung überlieferter Weisheit und Erkenntnis begnügt. Auch in der Betriebswirtschaftslehre sind diese Spannungen vorhanden. Eine weitere Spannung besteht zwischen dem Erkenntnisproblem und der Verfahrensweise, sie besteht auch dann, wenn das Erkenntnisproblem klar formuliert und danach die Verfahrensweise hinreichend bestimmt ist, aber um so mehr im anderen Fall, wenn um die Probleme der Erkenntnis erst noch gerungen wird und die Probleme der Verfahrensweise davon abhängen.

Was nennt man in einer wissenschaftlichen Disziplin Hauptsache und Nebensache? Jeder Fachvertreter mit einiger Spezialisierung möchte seine Sache zur Hauptsache und alles andere zur Nebensache deklarieren. Daraus entstehen Spannungen und Anregungen, die mit persönlichen Ambitionen angefüllt und unter sachlichen oder angeblich sachlichen Argumenten ausgetragen werden. So belebend derartige geistige Auseinandersetzungen sein mögen, so sehr können sie Lehrer untereinander verfeinden und Schüler verschiedener Lehrmeinungen verwirren. Welche Forschungsaufgaben primär und welche sekundär sind, ist beileibe nicht die Sache des Einzelnen, der sich ihnen widmet, denn alle Forschung ist im letzten Grunde Gemeinschaftssache, nicht nur der lebenden Generationen, sondern auch innerhalb der Generationenfolge mit der Überlieferung und Fortführung des geistigen Erbes. Ohne die Aufrichtung leitender Ideen und anerkannter Ziele entsteht Wirrwarr, Leerlauf, sinnlose Wiederholung und wertlose Akribie. Deshalb müssen auch in solchen Fragen, wie denen der primären und sekundären Forschungsaufgaben geistig führende, eindrucksvolle Gelehrtengestalten ihren Führungsanspruch durchsetzen, um eine willkommene, zielklare Gefolgschaft zustande zu bringen, die im Reiche des Geistes die individuelle Prägung immer zuläßt. Ohne eine solche kann es weder eine Gruppen- noch eine Gemeinschaftsarbeit geben. Wie weit es in der Betriebswirtschaftslehre Anfang der zwanziger Jahre gerade daran gefehlt hat, zeigen verschiedene groß angelegte Versuche von Gemeinschaftswerken wie der Grundriß der Betriebswirtschaft, das Handbuch der Betriebswirtschaftslehre, die Handelshochschule[5]. Die Abstraktion steht in einem Spannungsverhältnis zur Anschauung, sie übertrifft diese in den jüngsten Hauptwerken, wie denen von Gutenberg, und kennzeichnet auf sachlicher Ebene den persönlichen Meinungsstreit zwischen ihm und Mellerowicz, der betont der Anschauung und der Anschaulichkeit unter Heranziehung geeigneter Hilfsmittel den Vorzug gibt. Das Materielle führt ein Rückzugsgefecht. Es ist überall im Schwinden begriffen, während mathematische Formeln und Einkleidungen, Axiome und Ableitungen sich aller

---

[5] Vgl. Linhardt, Hanns: Angriff und Abwehr im Kampf um die Betriebswirtschaftslehre, Berlin 1963.

Mühe enthoben fühlen, konkretes Wissen um wirtschaftliche Größen, Relationen und Proportionen zu erfassen und zu verbreiten.

Angesichts solcher Spannungen ist es gut, auf die Ergänzung des objektiven Leitbildes einer Wissenschaft durch das subjektive Leitbild hinweisen zu können, wenn ein solches erst bekannt ist. Betont objektiv ist das Leitbild der Betriebswirtschaftslehre, wo es von der Sachwelt ausgeht und sich auf die Meß- und Wägbarkeit der Sachen und Dinge und der dazwischen liegenden herstellbaren und vermehrbaren Proportionen stützt, während das betont subjektive Leitbild sich in menschlichen Wertungen und den sie tragenden menschlichen Motivationen manifestiert, die sich in den dadurch gegebenen Relationen ausdrücken. Auf der einen Seite neigt die Betriebswirtschaftslehre der naturwissenschaftlichen Konzeption des Meßbaren und Quantifizierbaren zu, auf der anderen Seite neigt sie zur Philosophie, dem philosophisch begründeten Wertproblem, welches in menschlichen Wertvorstellungen wurzelt.

Die naturwissenschaftliche Konzeption der Betriebswirtschaftslehre nähert sich dem Wunschbild einer „Invarianz des Wirtschaftsstils" (W. Eucken), vielleicht sogar der irrealen Annahme einer Konstanz wirtschaftlicher Größen und Vorgänge, die sich fortsetzt in einer freilich nur denkbaren Stabilität von Vermögen und Einkommen, Spar- und Investitionsquoten. Hingegen betont die vom wertenden Menschen ausgehende subjektive Konzeption die Varianz, die man dann schon nicht mehr als Stil, sondern nur noch als ständigen Wandel und Wechsel bezeichnen kann (Konsumwandel, Geschmackswechsel, Modewechsel usw.).

Wo immer der Mensch in den Mittelpunkt der Wirtschaft gestellt ist, überwiegt das Subjektive, das Wertbetonte und Wertbestimmte. Wo aber die Sache, das Gut, die Menge und die Mengenproportion, so auch die Faktorkombination in den Mittelpunkt gerückt werden, entsteht die Scheinwelt einer Scheinobjektivität, die einen unerfüllbaren Anspruch auf Dauer und Gültigkeit erhebt und einen oberflächlichen Eindruck relativer Gültigkeit zu erwecken versucht, der allerdings einer kritischen Prüfung nicht standhält. Ausgelöst wird ein solcher Eindruck durch einen gewissen Grad innerer Widerspruchslosigkeit; zerstört werden geistige Schöpfungen solcher Art bei jeder Berührung mit der Realität. So sehr auch ihre Urheber derartige Ansprüche erheben und Eindrücke erwecken, so schnell lösen sie einander ab, schon dann, wenn in der Axiomatik eine kleine Drehung erfolgt, in der behaupteten Statik eine geringfügige Dynamik eingeräumt, wenn in den Voraussetzungen eine winzige Annäherung an die Wirklichkeit vorgenommen wird.

Objektives und subjektives Wissensbild der Betriebswirtschaftslehre erzeugen die innere Spannung und bestimmen zugleich die äußere Linie. Das war so in der Dogmengeschichte der Nationalökonomie und wird so

## 3. Spannung und Linie

bleiben in der Betriebswirtschaftslehre, hier verstärkt mit der Ausprägung der speziellen Betriebslehren, von denen jede naturgemäß andere Faktorkombinationen aufzeigt, andere Schwerpunkte ihrer Problematik herausbildet, andere Sachverhalte in den Mittelpunkt rückt.

Sucht man die historische Komponente der deutschen Betriebswirtschaftslehre seit nunmehr 66 Jahren, gerechnet von der Errichtung der ältesten Handelshochschule in Leipzig im Jahre 1898, so könnte man als solche das Streben nach einer allgemeinen Disziplin am Anfang und die Betonung einer Reihe spezieller Betriebslehren im Gefolge aufzeigen und ohne bedenkliche Schematisierung nachweisen, daß eine Welle der Generalisierung jeweils eine Welle der Spezialisierung ablöst. Die erste Welle der Generalisierung beginnt mit Johann Friedrich Schär, Joseph Hellauer und Heinrich Nicklisch zwischen 1907 und 1916, die zweite Welle, diesmal eine der Spezialisierung, beginnt mit Eugen Schmalenbach und Albert Calmes, sie enthält die ersten Veröffentlichungen über die Kostentheorie, die Bilanzlehre, den Industriebetrieb, das industrielle Rechnungswesen einschließlich Kalkulation, Betriebsabrechnung, Material-, Anlage-, Lohnbuchhaltung, kurzfristige Erfolgsrechnung, Standort- und Transportprobleme. Die dritte Welle, und jetzt wiederum eine solche der grundsätzlichen theoretischen Betrachtung, ist mit den Werken von Wilhelm Rieger, M. R. Lehmann und E. Gutenberg während der zwanziger Jahre gekennzeichnet, ihr folgt die vierte Welle spezieller Betriebslehren und der Anfang der sog. funktionalen Betrachtungsweise. Dazu gehören die einschlägigen Veröffentlichungen von K. Mellerowicz, W. Hasenack, P. Deutsch, K. Banse und vieler anderer der dreißiger und vierziger Jahre.

Für eine noch nicht eingeleitete fünfte Welle allgemein-theoretischer Arbeitsrichtung mögen augenblicklich erste Anzeichen erkennbar sein, die sich allmählich gegenüber der vorwiegenden Detailforschung abheben, wie in der Arbeitsrichtung von W. Wittmann, H. Koch, A. Moxter, W. Muscheid, H. Albach u. a. erkennbar sein dürfte. Ausgelöst dürfte eine solche fünfte Welle dadurch werden, daß der gegenwärtige Stand der Detailforschung in eine bedenkliche Isolierung führt, die jüngsten wissenschaftlichen Leistungen auf den Einzelgebieten theoretisch unbefriedigend bleiben, weil sie zu weit auseinander liegen und zu wenig miteinander vereinbar sind. Es mag noch eine gewisse Zeit vergehen, ehe eine weitere Fortsetzung der Detailforschung über die unternehmerischen Verhaltensweisen, über Ungewißheit, Planung, Investition und Kontrolle zu einer neuen Grundkonzeption führt. Dann allerdings würde die äußere Linie wieder deutlicher hervortreten, die Konturen, die die Betriebswirtschaftslehre von ihren Nachbardisziplinen unterscheiden, würden verdeutlicht und verstärkt. In gleichem Maße würde die innere

Spannung nachlassen. Eine Phase der Konsolidierung könnte dann einsetzen, zu einer Grenzbereinigung gegenüber den Nachbarwissenschaften in Forschung und Lehre führen. Eine solche Phase, wie sie womöglich die sechziger Jahre kennzeichnen dürfte, würde der Struktur, der Betriebswirtschaftslehre an den deutschen und ausländischen Universitäten, den Wirtschafts- und Sozialwissenschaftlichen Fakultäten, den Betriebswirtschaftlichen Instituten und Lehrstühlen einen neuen Ausdruck verleihen, indem getrennte Bereiche zusammengefaßt und bisher vereinte neu aufgeteilt werden. Dadurch würden alte und erstarrte Grenzen aufgegeben, neue Teildisziplinen würden entstehen, umgreifende und umfassende Zusammenhänge würden hervortreten und die Betriebswirtschaftslehre fände ein neues, in sich gefestigtes Kerngebiet mit fruchtbaren Grenzbereichen, die von sich aus angrenzende Wissenschaftsbereiche befruchten könnten.

## 3. Extremisierung und Zentrierung

In weiterer Verfolgung der bisherigen Überlegungen stoßen wir auf die Stelle, an der zwei Hauptströmungen sich allzu weit voneinander zu entfernen scheinen. Es ist dies die eine Strömung der funktionalen Betrachtungsweise und die andere der totalen oder universalen Betrachtungsweise. Die eine führt zu immer weiterer Isolierung, Spezialisierung und Detaillierung, die andere führt zu einer gehalt- und gestaltlosen Generalisierung bei zunehmender Entleerung von materiellen Inhalten und Zerstörung äußerer Umgrenzung, wie es bereits mit dem Universalbegriff des Betriebes bei E. Gutenberg, E. Kosiol, R. Seyffert, W. Hasenack der Fall ist im Gegensatz zu der Objektbestimmung bei W. Rieger, E. Schäfer, E. H. Sieber und dem Riegerschen Schülerkreis. Angesichts der gegebenen Gefahr vermag eine historische Besinnung, die an die funktionale Betrachtungsweise anknüpft, Gutes zu bewirken, weil sie die wunde Stelle aufzeigt, an der heilende Kräfte einsetzen können. Die historische Besinnung ist imstande, die funktionale Betrachtung aus der Isolierung und der unvermeidlichen Gefahr der Wiederholung und des geistigen Leerlaufs herauszuführen.

Hat auch die Betriebswirtschaftslehre ihre Mitte verloren? Es wird von verschiedener Seite behauptet[6]. Für krisenartige Erscheinungen

---

[6] Bredt, Otto: Die Krise der Betriebswirtschaftslehre, Düsseldorf 1956; vgl. dazu Buchbesprechung von H. Linhardt, in: Schmollers Jahrbuch, 77. Jg., 1957, II. Halbband, S. 630—632; Linhardt, Hanns: Die Krise in der Betriebswirtschaftslehre, in: Der Volkswirt, 11. Jg., 1957, S. 1147—1148; vgl. außerdem Fußnote 4.

## 3. Extremisierung und Zentrierung

spricht die Tatsache, daß die Empirie in der Fachdisziplin bedenklich zurücktritt, die Theorie einen Grad der Abstraktion angenommen hat, der die materielle Substanz weitgehend ausscheidet und die Methodik betont. Wo keine Mitte mehr herrscht, ist auch keine Rückkehr und Reorientierung möglich. Eine auf die Mitte bezogene Orientierung müßte eine universale Gesamtübersicht und Zusammenschau ergeben. Wie aber kann eine solche gewonnen werden, wo doch die Spezialisierung und Funktionalisierung schon derart weit getrieben ist und ohne einen Verzicht auf weiteren Erkenntnisfortschritt nicht aufgegeben werden kann? Die hier eingeschlagene Arbeitsrichtung der Betriebswirtschaftslehre kann auch nicht umgekehrt werden. Der einzige aussichtsreiche Weg einer neuen Orientierung liegt in der historischen Besinnung und in der auf historischer Sicht beruhenden Zusammenschau.

Deshalb soll in den folgenden Abschnitten versucht werden, den Gegenständen der sog. funktionalen Betrachtungsweise eine historische Betrachtung angedeihen zu lassen. Sie hat alle Vorteile der geschichtlichen Betrachtung, ist selbst nicht historisierend, sie schielt nicht nach der Vergangenheit, um sich dorthin zurückzuwünschen, und will nicht darin verharren, sie blickt zurück, aber sie schreitet nicht zurück, sie erklimmt die Höhe, um weit in die Vergangenheit und weit in die Zukunft schauen zu können. Die Erhöhung des Standortes führt zur Ausweitung des Blickfeldes. Gerade gegenwärtig bedarf die Betriebswirtschaftslehre einer solchen weiten, geistigen Landschaft, um die vorherrschende unhistorische, geradezu geschichtsfeindliche Betrachtung des Funktionalismus zu korrigieren. Was kann dies schaden? Nichts, solange die theoretische Basis dabei nicht verloren geht. Dies ist in der hier gewählten Behandlung der historischen Komponente der funktionalen Betrachtungsweise der Betriebswirtschaftslehre vorausgesetzt. Diese funktionale Betrachtungsweise findet seit Jahren bei zahlreichen Vertretern der Betriebswirtschaftslehre eine grundsätzliche Beachtung und neuartige Anwendung. Grundsätzlich bedeutet, daß man eine andere Betrachtungs- und Darstellungsweise anstelle der bisherigen anstrebt, die neben der Allgemeinen Betriebswirtschaftslehre eine Reihe spezieller Betriebslehren (Handel, Industrie, Banken, Versicherungswirtschaft usw.) entwickelt hat. Neuartig in der Anwendung ist die funktionale Betrachtungsweise gegenüber den längst bekannten Darstellungen einzelner Funktionen darin, daß die verschiedenen Funktionen über das Gebiet der speziellen Betriebslehren hinausgreifen. Das tut die Risikolehre von Oberparleiter, die Absatzlehre von Schnutenhaus, die Marktforschung von E. Schäfer, die Vertriebslehre von W. Koch, die Werbelehre von R. Seyffert, H. F. J. Kropff, C. Hundhausen, in etwa auch die Kostenlehre von E. Schmalenbach[7]. Lagerung[8], Fertigung[9], Personalwirtschaft, Finanzierung bilden sonach nicht mehr Unterabschnitte und Probleme der Industriebetriebslehre, sondern werden jeweils für Betriebe jeder Gattung (Handel, Handwerk, Bank usw.) untersucht. Dabei finden Analogien eine geeignete, mitunter nicht unbedenkliche, weil zu leeren Wiederholungen führende Anwendung. Gleiches gilt für die neueren Probleme der Marktforschung, Absatzorganisation, Finanzdisposition, Arbeitsanalyse: Sie alle erfahren in der funktionalen Betrachtungsweise eine viel breitere, zugleich neu fundierte Behandlung als es in der Darstellung der Allgemeinen Betriebswirtschaftslehre bisher geschah und in einer jeden speziellen Betriebswirtschaftslehre geschehen konnte.

Die funktionale Betrachtungsweise[10] kann eine Problemvertiefung zeitigen und zugleich eine Materialanreicherung mit sich bringen und

---

[7] Oberparleiter, Karl: Funktionen- und Risikenlehre des Warenhandels, Berlin-Wien 1930, 2. Aufl., Wien 1955 unter dem Titel: Funktionen und Risiken des Warenhandels; Schnutenhaus, Otto R.: Absatzpolitik und Unternehmungsführung, Freiburg i.Br. 1961; Schäfer, Erich: Absatzwirtschaft, in: Handbuch der Wirtschaftswissenschaften, hrsg. v. K. Hax und Th. Wessels, Bd. I, Köln-Opladen 1958, S. 299—379; ders.: Die Aufgabe der Absatzwirtschaft, 1. Aufl. 1943, 2. Aufl., Köln-Opladen 1950; Koch, Waldemar: Grundlagen und Technik des Vertriebes, 2 Bände, 1. Aufl. 1950, 2. Aufl., Berlin 1958; Seyffert, Rudolf: Allgemeine Werbelehre, Stuttgart 1929; Kropff, H. F. J.: Die Werbemittel und ihre psychologische, künstlerische und technische Gestaltung, Essen 1953; ders.: Wörterbuch der Werbung, Essen 1959; ders.: Motivforschung. Methoden und Grenzen, Essen 1960 (erschienen im Grundriß der Werbung, hrsg. v. C. Hundhausen im Auftrage des Wissenschaftlichen Beirats des Zentralausschusses der Werbewirtschaft, Bd. 2, 6und 8); Kropff, H. F. J.: Angewandte Psychologie und Soziologie in Werbung und Vertrieb. Der gegenwärtige Entwicklungsstand der Werbepsychologie unter Einbezug sozio-psychologischer Erfahrungen, Stuttgart 1960; Hundhausen, Carl: Werbung um öffentliches Vertrauen — Public Relations —, 1. Bd., Essen 1951; ders.: Industrielle Publizität als Public Relations, Bd. 5 aus der Buchreihe: Grundriß der Werbung, hrsg. v. C. Hundhausen, im Auftrage des Wissenschaftlichen Beirats des Zentralausschusses der Werbewirtschaft, Essen 1957; ders.: Wesen und Formen der Werbung, Teil 1: Wirtschaftswerbung, Bd. 3/1 der Buchreihe: Grundriß der Werbung, Essen 1963; Schmalenbach, Eugen: Selbstkostenrechnung I, in ZfhF, 13. Jg. 1919, S. 257—299, 321—356; erweiterte Fassung: Grundlagen der Selbstkostenrechnung und Preispolitik, 2. Aufl., Leipzig 1925; 8. Aufl., bearb. v. R. Bauer: Kostenrechnung und Preispolitik, Köln-Opladen 1963.

[8] Vgl. Henzel, F.: Lagerwirtschaft, Betriebswirtschaftliche Bibliothek, hrsg. v. W. Hasenack, Reihe A/VI, Essen 1950; Grochla, Erwin: Materialwirtschaft, Die Wirtschaftswissenschaften, hrsg. v. E. Gutenberg, 5. Lieferung, Reihe A, Beitrag Nr. 11, Wiesbaden 1958.

[9] Vgl. Beste, Theodor: Fertigungswirtschaft und Beschaffungswesen, in: Handbuch der Wirtschaftswissenschaften, hrsg. v. K. Hax und Th. Wessels, Bd. I, Köln-Opladen 1958, S. 125—297.

[10] Vgl. Hasenack, Wilhelm: Funktionenlehre, betriebswirtschaftliche, in: Handwörterbuch der Betriebswirtschaft, Bd. II, 3. Aufl., Stuttgart 1958, Sp.

## 3. Extremisierung und Zentrierung

dann echte Erkenntnisfortschritte ergeben, wenn sie dazu führt, die Zusammenfassung und gegenseitige Bedingtheit gegebener Funktionen im konkreten Betrieb zu beschreiben und auf dem umgekehrten Weg die Merkmale des gegebenen Betriebes aus einer jeweils anderen Kombination der Grundfunktionen zu erklären. Wo von Faktorkombination die Rede ist, dürfte dann der Nachdruck auf Kombination ruhen, denn die Art, wie mehrere Faktoren kombiniert werden, unterscheidet die Betriebe voneinander. Faktorkombination kann sonach zu einer neuen Einteilung spezieller Betriebslehren und einer Systematisierung vorhandener, darunter auch neuartiger Betriebsgattungen führen[11]. Fragen wir, was den Handelsbetrieb auszeichnet, so ist es der Umgang mit Waren im Einkauf, Verkauf und in der Lagerhaltung. Im Falle des Industriebetriebes ist es die Fertigung einschließlich der Kombination von Mensch, Material und Maschine, im Falle des Bankbetriebes ist es der Umgang mit Geld und Kredit in allen Erscheinungsformen.

Diese Akzentuierung verschiedener Grundfunktionen und jeweils anderer Faktorkombinationen läßt sich marktterminologisch so ausdrücken: Der Handelsbetrieb hat seinen Schwerpunkt im Warenumsatz, der Industriebetrieb in der Fertigung oder Güterherstellung, der Bankbetrieb hat seinen Schwerpunkt im Geldmarkt oder der Finanzsphäre. Was aber die Unterscheidung von Betrieb und Unternehmung angeht, so dürfte eine Allgemeine Betriebswirtschaftslehre nur auf dem Boden der Unternehmung, nicht aber des Betriebes möglich sein, denn wissenschaftlich gültige allgemeine Aussagen können nur über das Generelle jeglicher Unternehmung — Geld, Geldrechnung, Gewinnerzielung, Kreditaufnahme, Kreditgewährung, Kapitalinvestition — gewonnen werden[12]. Für die speziellen Betriebslehren aber gilt, daß sie auf dieses

---

2095—2105; Linhardt, Hanns: Neue Tendenzen in der Betriebswirtschaftslehre. Vortrag anläßlich des Verbandstages des Verbandes Deutscher Diplom-Kaufleute e. V. in Nürnberg am 2. 11. 1958, in: Betriebswirtschaftliche Umschau, 29. Jg., Januar 1959, No. 1, S. 4—14.

[11] Linhardt, Hanns: Weder Begriffsrigorismus noch Begriffsanarchismus in der Objektbestimmung!, in: Der Betrieb in der Unternehmung. Festschrift für Wilhelm Rieger zu seinem 85. Geburtstag, hrsg. v. J. Fettel und H. Linhardt, Stuttgart 1963, S. 27—67.

[12] Vgl. Henzler, Reinhold:„Betriebswirtschaft", Bemerkungen zu den Grundbegriffen der Betriebswirtschaftslehre, in: ZfB, 29. Jg., 1959, S. 536—541; Forker, Hans-Joachim: Das Wirtschaftlichkeitsprinzip und das Rentabilitätsprinzip — ihre Eignung zur Systembildung, Die Unternehmung im Markt, hrsg. v. G. Bergler, J. Fettel, H. Linhardt und E. H. Sieber, Bd. 6, Berlin 1960; Kilthau, M.: Die Rechnung der Wirtschaftssubjekte in Geldeinheiten. Versuch eines theoretischen Beweises, Die Unternehmung im Markt, Bd. 8, Berlin 1963; Scheytt, M.: Theoretische Grundlagen der bankgeschäftlichen Kreditgewährung. Kritischer Beitrag zur Kreditschöpfungstheorie, Die Unternehmnug im Markt, Bd. 7, Berlin 1962.

Generelle jeglicher Unternehmung hin orientiert und bezogen sein müssen, und zwar ganz klar orientiert und eindeutig bezogen, um jenes Element wissenschaftlicher Gültigkeit zu besitzen, das eine Disziplin auszeichnen muß. Dies ist nur soweit der Fall, wie die einzelne spezielle Betriebslehre an dem Allgemeinen einer Unternehmenslehre teil hat.

Im folgenden sollen einige Grundfunktionen in geeigneter Zusammenfassung historisch betrachtet werden, um ihre historische Komponente aufzuzeigen und die vernachlässigte historische Forschung da anzuregen, wo sie, von einzelnen Funktionen ausgehend, sicheren Grund unter den Füßen hat und entschlossen in die Vergangenheit hineinschreiten kann, ohne von solchen Auseinandersetzungen, wie denen über den Begriff von Betrieb und Unternehmung, über die Grenzen zwischen Haushalt und Betrieb, über Unterschiede von Wirtschaftlichkeit, Produktivität und Rentabilität gehemmt zu sein. Zuvor soll eine knappe Abgrenzung von Betrieb, Unternehmung und Markt vorgenommen werden, die für die Unterscheidung und Tauglichkeit der historisch gewürdigten Grundfunktionen nützlich sein wird. Die weitere Stoffeinteilung bietet sich in den folgenden Abschnitten dar, wobei jedes Stichwort einen Unterabschnitt ergibt:

II. Betrieb — Unternehmung — Markt
III. Beschaffung — Absatz — Preispolitik
IV. Lagerhaltung — Transport — Fertigung
V. Risiko — Versicherung — Verzinsung
VI. Rechnung — Planung — Prüfung
VII. Investierung — Finanzierung — Koordinierung

Der Schlußabschnitt (VIII) soll die betriebswirtschaftliche Auswertung der Wirtschafts- und Sozialgeschichte einschließlich der Kultur-, Kunst- und Literaturgeschichte sowie der neuesten Zeitgeschichte und Politik ergeben. Daß es sich bei der hier vorgelegten Abhandlung um eine Skizze ohne nähere Ausführung bei weitgehender Wahlfreiheit in den angezogenen Beispielen und Hinweisen wie in den erwähnten Epochen und Ereignissen handelt, versteht sich, allein schon aus der Spannweite der zu Grunde gelegten Zeiträume.

## II. Betrieb — Unternehmung — Markt

Behandelt man die genannten Begriffe in ihrer trinitären Wechselseitigkeit, so liegt der Gedanke an die trinitäre Phasenfolge von Produktion, Distribution und Konsumtion im dreigliederigen volkswirtschaftlichen Kreislauf nahe. Es handelt sich jedoch lediglich um eine Entsprechung zwischen drei völlig eigenartig verwendeten und verbundenen Begriffen im Fall der betriebswirtschaftlichen Terminologie von Betrieb, Unternehmung und Markt, nicht jedoch um eine Identität mit Produktion, Distribution und Konsumtion. Der Betrieb ist die Stätte der Produktion im weitesten Sinn einschließlich Handel und Dienstleistung, die Unternehmung der geistige Ort der Distribution, die sich des Betriebes als eines Mittels oder Werkzeuges bedient, der Markt ist die Begegnung im Sinne des verkehrswirtschaftlich organisierten und durch das Geld vollzogenen Tausches. Jeder dieser trinitär aufgefaßten Begriffe ist streng betriebswirtschaftlich verstanden, d. h. als einzelne Veranstaltung begriffen, nicht als volkswirtschaftliche Abstraktion gemeint.

### 1. Betrieb[13]

Der Betrieb ist schon in der antiken Welt Gegenstand nützlicher Lehren, die Betriebswirtschaft Objekt positiver und negativer Wertung (Aristoteles, Xenophon, Plutarch)[14]. Die arabische Literatur des 8.—13. Jahrhunderts, berühmt wegen der Pflege der Mathematik, Astronomie und der Medizin, ist reich an einer lang vergessenen, vielleicht gar innerhalb der christlichen Überlieferung vernachlässigten Lehre von der Wirtschaft, dem Handel, der Schiffahrt mit Abhandlungen über die

---

[13] Die Unternehmung im Markt. Festschrift für Wilhelm Rieger, Stuttgart und Köln 1953; Fettel, J. und Linhardt, H. (Hrsg.): Der Betrieb in der Unternehmung. Festschrift für Wilhelm Rieger zu seinem 85. Geburtstag, Stuttgart 1963; Linhardt, Hanns: Die Nachbarwissenschaften der Betriebswirtschaftslehre, gesehen unter den Auspizien der Trinität von Markt, Unternehmung und Betrieb, in: Betriebswirtschaftslehre und Wirtschaftspraxis. Festschrift für Konrad Mellerowicz, hrsg. v. H. Schwarz und K. H. Berger, Berlin 1961, S. 229—245.

[14] Vgl. Löffelholz, Josef: Geschichte der Betriebswirtschaft und der Betriebswirtschaftslehre. Altertum — Mittelalter — Neuzeit bis zu Beginn des 19. Jahrhunderts, Betriebswirtschaftliche Abhandlungen, Bd. 23, Stuttgart 1935.

Betriebsrechnung, die menschlichen Kontakte, die Gewinnung und Sicherung von Erkenntnissen der Absatzwege, der Rechts- und Verkehrsverhältnisse in fremden Ländern, der Kenntnis ihrer Sitten und Gebräuche. Die arabische, auf Babylon und Indien zurückgreifende Wissenschaft hat der Menschheit Uhr, Kompaß und Landkarte beschert und dem Abendland die über mehr als ein Jahrtausend in Vergessenheit geratene griechische Philosophie, Geschichtsschreibung und Mathematik neu geschenkt. Die berühmtesten Autoren wie die griechischen Philosophen Plato und Aristoteles, die römischen Historiker Livius und Plinius sind aus dem Arabischen ins Griechische und Lateinische zurückübersetzt worden[15]. Auch die hebräische Literatur des 8. bis 11. Jahrhunderts befaßt sich in einer sonst ungewöhnlich dürren Periode internationalen Güteraustausches und geistigen Schaffens mit betrieblichen Fragen. Neuere Forschungen englischer und amerikanischer Historiker haben in den vergangenen Jahrzehnten seltene Quellen dieser Epoche erschlossen und auch dazu geführt, in den Archiven schlummernde Dokumente auszuwerten und neu zu interpretieren. Die überlieferten Schriften wirtschaftlichen Inhaltes aus jener Zeitperiode sind mehr dem wirtschaftlichen Verkehr und seinen Einrichtungen, dem Geld- und Kreditwesen, den rechtlichen Vertragsformen, der Kunde fremder Länder, Sprachen und Gebräuche als den betriebsinternen Einrichtungen und Vorgängen, etwa der Lagerung, Verwaltung, Verarbeitung, gewidmet. Verständlicherweise waren gerade solche betriebsinternen Vorgänge wie auch noch im abendländischen Mittelalter mit dem Schleier der Geheimhaltung umgeben.

Der religiösen und politischen Denkweise jener Zeit entsprechend mag aber auch die Unterschätzung und Geringschätzung kaufmännischer Obliegenheiten und wirtschaftlicher Einrichtungen den Grund abgegeben haben, weshalb hierüber wenig Aufzeichnungen vorliegen, so daß nicht nur die Erhaltung und Überlieferung, sondern bereits die Enstehung von Niederschriften wirtschaftlichen Inhaltes deren relative Seltenheit erklärt, wie dies bei den Römern für die Ausnahmestellung von Cato und Cicero bezüglich deren Schriften über den Landbau und das Landleben zutrifft.

Die abendländische Literatur beginnt erst im 14. Jahrhundert reichlicher zu fließen, dann aber bereits mit jener Fülle und Farbigkeit, die solche Autoren wie die Italiener Davanzatti, Uzzano und Pegolotti, sämtlich 14. Jahrhundert, auszeichnet. Auf sie greifen spätere Autoren verschiedener Nationalitäten und Jahrhunderte, wie Bodin, Malynes,

---

[15] Vgl. Hunke, Sigrid: Allahs Sonne über dem Abendland. Unser Arabisches Erbe, Stuttgart 1960; Paret, Rudi: Die Welt des Islam und die Gegenwart, Vorträge einer Ringvorlesung im WS 1960/61 an der Universität Tübingen, hrsg. v. R. Paret, Stuttgart 1961.

## 1. Betrieb

Oresme, Guicciardini zurück[16]. Der berühmte Franzose Jacques Savary knüpft ebenfalls an die Florentiner des 14. Jahrhunderts, wie Pegolotti, an[17]. Bei ihnen finden wir die Behandlung der Betriebsfunktionen, die systematische Erfassung und Darstellung des kaufmännischen Wissens über Maße, Gewichte und Münzen, über den Wechsel, den Zins. Wir finden dort bereits die erste literarische Beschreibung der betrieblichen Arbeitsteilung, die irrtümlich Adam Smith[18] zugeschrieben wird. Eduard Weber[19] stützt sich in seiner verdienstvollen Literaturgeschichte der Handelsbetriebslehre, die seit ihrem Erscheinen 1914 in allen späteren betriebshistorischen Abhandlungen herangezogen wurde, auf Rechtshistoriker wie Levin Goldschmidt und Wilhelm Endemann. Im 15. und 16. Jahrhundert setzt die flämische und deutsche Literatur betriebswirtschaftlichen Inhalts ein, die sich mit der Rechenkunst, der Buchhaltung, der Warenkunde vornehmlich befaßt. Was die Schriftsteller jener Zeit an Einzelheiten ermittelten, erscheint der heutigen Wirtschaftswissenschaft mitunter so unglaublich, daß es schlankweg abgestritten wird. Dies gilt für die Einwohnerzahl der mächtigsten Handelsstädte, für die Ausdehnung des Handelsverkehrs, die Spezialisierung der Betriebe und Berufe, für die Entstehung des Wohlstands, Reichtums und schließlich des Kapitalismus. Die Historiker des 19. Jahrhunderts haben lange bestritten, daß Städte wie Ypern, Gent und Brügge im 13. und 14. Jahrhundert Einwohnerzahlen von 20 bis 30 000 Menschen, nach einzelnen Schätzungen solche von 30 bis 50 000 Menschen, aufwiesen. Es klingt tatsächlich

---

[16] Näheres zur älteren Literatur vgl. Löffelholz, Josef: Geschichte der Betriebswirtschaft und der Betriebswirtschaftslehre, Stuttgart 1935; Lopez, Robert S. und Raymond, Irving W.: Medieval Trade in the Mediterranean World. Illustrative Documents translated with Introductions and Notes, Records of Civilization, Sources and Studies hrsg. v. A. P. Evans, Bd. LII, New York 1955; Postan, M. und Rich, E. E. (Hrsg.): The Cambridge Economic History of Europe, planned by the Late Sir John Clapham and the Late Eileen Power, Bd. 2, Cambridge 1952; de Roover, Raymond: L'Evolution de la Lettre de Change, XIVe—XVIIIe siècles, Ecole Pratique des Hautes Etudes — VIe Section, Centre de Recherches Historiques, Affaires et Gens d'Affaires, IV, Paris 1953; Leitherer, Eugen: Geschichte der handels- und absatzwirtschaftlichen Literatur, Köln-Opladen 1961; Willeke, Franz-Ulrich: Entwicklung der Markttheorie, Von der Scholastik bis zur Klassik, Tübingen 1961; vgl. Anderson, A.: Historische und chronologische Geschichte des Handels von den ältesten bis auf jezzige Zeiten, aus dem Englischen übersetzt, 6 Bände, Riga 1773—1779.

[17] Pegolotti, Francesco di Balduccio: La pratica della mercatura, hrsg. v. A. Evans, Cambridge, Mass. 1936; Savary, Jacques: Le Parfait Négociant, Paris 1675.

[18] Smith, Adam: An Inquiry into the Nature and Causes of the Wealth of Nations, 2 Bde., London 1776.

[19] Weber, Eduard: Literaturgeschichte der Handelsbetriebslehre, Zeitschrift für die gesamte Staatswissenschaft hrsg. v. K. Bücher, Ergänzungsheft XLIX, Tübingen 1914.

heutigen Ohren unglaubhaft, ist aber eindeutig erwiesen, daß in flandrischen und brabantischen Städten Hunderte von gleichartigen Betrieben mit insgesamt 1 bis 2000 Gesellen bestanden, wie dies für die Tuchmacher zutrifft. Lang genug galt die mittelalterliche Wirtschaft nach der höchst unglücklichen und irreführenden Bezeichnung von Karl Bücher als „geschlossene Haus- und Stadtwirtschaft", während im frühen Mittelalter der Fernhandel trotz äußerer Gefährdung und Beeinträchtigung niemals ausgesetzt hat, am wenigsten an den Gestaden des Mittelmeeres und ihren blühenden Handelsstädten, und im hohen Mittelalter eine echte, hochorganisierte, von blühendem Gewerbefleiß getragene Weltwirtschaft existierte. Anders wäre auch die Höhe der Kultur des 13. und 14. Jahrhunderts mit ihrem materiellen Reichtum und ihrer Kunstentfaltung, wie etwa in Burgund und in den Niederlanden, nicht verständlich.

## 2. Unternehmung

Versteht man hierunter den verkehrswirtschaftlichen Träger, der sich des Betriebes als einer Stätte der Gewinnung und Erzeugung bedient, um die Erzeugnisse im Markt abzusetzen, so ist damit zutreffend und herkömmlich die Selbständigkeit der Rechtsform gemeint. Daß es zu einer solchen Selbständigkeit im wirtschaftlichen Geschehen kommen konnte, hat verschiedene Gründe, von denen mehrere zugleich zusammentreffen mußten, um die Unternehmung entstehen zu lassen. Nicht zuletzt ist es der abendländische Geist christlicher Überlieferung, persönlicher Entfaltung und Selbstverantwortung, mit jenem im hohen Mittelalter charakteristischen Einschlag an Humanität, Liberalität und Urbanität, der hierfür verantwortlich gemacht werden kann. Es hat gewiß mit christlicher Überlieferung zu tun, daß aus der Idee der Kirche als der sichtbaren Gemeinschaft der Gläubigen sich Gebilde ausformten, die zunächst religiösen Sinn und Ursprung haben, wie die Ordensgesellschaften und Ordensgenossenschaften, die religiösen Bruderschaften, Verbände und Vereinigungen aller Art, die besondere Ideale pflegten, unter den Schutz der Heiligen gestellt wurden und von hier aus in die öffentliche Verwaltung und in die Führung wirtschaftlicher Unternehmen eindrangen, gestützt auf die noch im 13. Jahrhundert ausschließlich beim geistlichen Stand gegebene Kenntnis der Schrift; aus solchen religiösen Ursprüngen ist die Idee der Korporation herzuleiten. Ohne sie konnte auf wirtschaftlichem Gebiet die Unternehmung nicht entstehen, denn sie ist nichts anderes als die Anwendung der Korporationsidee im Bereich der Unternehmensführung, Unternehmensgestaltung und Unternehmensfinanzierung. Die Unternehmensführung lag in den ersten Anfängen unternehmerischer Betätigung beim Familienoberhaupt, das sich der Familienglieder im weitesten Sinn, vor allem der Söhne, Neffen und Brüder, bediente, wobei die weiblichen Familienmitglieder in dem ebenfalls weitesten Sinn durch Einheirat der Ausdehnung und Verstärkung des Unternehmensbestandes dienten. Die Blutsbindungen sind am Anfang der modernen Unternehmung, etwa des 12. und 13. Jahrhunderts, stärker als Rechtsbeziehungen und Bande der Freundschaft. Aus dem Familienverband des städtischen Patriziats treten führende Persönlichkeiten hervor, die durch wirtschaftliche Macht und ausgreifende Verbindungen ihresgleichen im Rat wie im Handel übertreffen und gekrönte Häupter in den Schatten stellen, wenn sie nicht selbst nach Krone und Tiara greifen. Der Familienvertrag steht vor dem Gesellschaftsvertrag, Ehe- und Erbverträge regeln in stärkerem Maße Angelegenheiten des Besitzes, seiner Verteilung und der damit verbundenen Macht als es im heutigen Sinn Fusions-, Kartell- und Konzernverträge zu tun pflegen. Wo die Blutsbande in mehrfacher Geschlechterfolge schwächer werden und fremder Geist die Familientradition überwuchert, setzt der konstruktive Geist juristischen Denkens ein, der neue Formen und Bindungen schafft, um wirtschaftlichen Gebilden Dauer zu verleihen.

Noch ist in der wirtschaftsgeschichtlichen Literatur die Frage nach dem Ursprung des Kapitalismus nicht eindeutig beantwortet. Überwiegend neigt die zünftige Geschichtsschreibung dazu, dem Fernhandel des städtischen Patriziats hierin die entscheidende Rolle zuzuweisen, nicht aber der Grundherrschaft des Landadels (F. Rörig gegen G. v. Below). Die oberitalienischen Städte Lucca, Pisa, Siena und Florenz geben dem heutigen Betrachter an Hand ihrer Kunstschätze der Baukunst, Skulptur und Malerei die entscheidenden Anhaltspunkte über die Wirtschafts- und Sozialgeschichte samt ihrem materiellen Wohlstand und Kunstsinn. Die sienesische Malerei ist älter als die florentiner, die lucchesische Skulptur hat ihren Höhepunkt im 13. Jahrhundert und in dieser Zeit nicht ihresgleichen auf italienischem Boden. Lucca ist Sitz einer hoch entwickelten Seidenmanufaktur, Siena wird im 13. Jahrhundert berühmt durch die größte Bank, berühmt allerdings auch durch den später folgenden größten Bankzusammenbruch. Handwerkliches Können und kommerzieller Weitblick zeichnen diese Städte aus, ehe Mailand zu politischer Geltung und Venedig zu höchstem Glanz und Ansehen im 15. und 16. Jahrhundert gelangen. Die Probleme der Unternehmungsformen, der Vertragsformen finden in diesen Städten zu jener Zeit eindrucksvolle Lösungen, ausgehend von den zuerst zeitlich begrenzten Vereinigungen in der Seefahrt, übergehend zu ständigen gesellschaftlichen Vereinigungen im Fernhandel und in der handwerklichen Großfertigung.

Hier findet der Historiker, der nach dem Ursprung der modernen Unternehmung forscht, die historisch ältesten und sichersten Anhaltspunkte zur Beantwortung einer Fragestellung, die erst in der neuesten amerikanischen Geschichtsforschung die gebührende Beachtung gefunden hat (Enterpreneurial History) (Harvard, Yale, Columbia, Chicago University). Hier knüpft die amerikanische Geschichtsschreibung Fäden, die in der deutschen Fachliteratur von Lorenz von Stein, Karl Heinrich Rau gesponnen, von Wilh. Roscher fortentwickelt wurden und seit Max Weber und Werner Sombart abgerissen sind. Heute ist die amerikanische Geschichtsforschung auf sicherem Wege, zwischen der Antike, der arabischen Welt und dem italienischen Frühkapitalismus eine Verbindung herzustellen, die der bisherigen Geschichtsschreibung nicht geglückt war, wenn sie je als Aufgabe betrachtet wurde. Der Geist der Antike ist während und nach der Völkerwanderung bei allen Zerfallserscheinungen auf griechischem, italienischem und vorderasiatischem Boden nie erloschen. Rom und Byzanz sind bei allem Wechsel politischer Geschicke die Stationen kulturellen und kommerziellen Austausches. Seit dem 13. Jahrhundert tragen die Italiener kaufmännischen Geist und edle Gesittung, verfeinerte Kultur und Lebensart nach Frankreich, England und Deutschland. Die Lombarden, wie sie genannt wurden, beherrschen die Märkte von Barcelona, Lyon, Marseille, sie sind im Geldwechsel und im Warenhandel tonangebend auf den Champagnermessen, sie erscheinen in Flandern, London, King's Lynn, Lincoln und York, in Lübeck, ihre Nachfahren später in Nürnberg und Frankfurt[20].

Nennt man die Stadt die Wiege der Kultur, so ist sie mit gleichem Recht als Wiege der Unternehmung zu bezeichnen. Hier bilden sich zugleich die ersten Formen der wirtschaftlichen Assoziierung wie der öffentlichen Verwaltung, in der Regel nach beiden Seiten von den gleichen Geschlechtern und Familien entwickelt und getragen. Hier heben sich einzelne Familien, wie die Medici in Florenz, die Fugger in Augsburg, durch Wohlstand und Beharrlichkeit heraus und bestimmen nicht nur das Geschick ihrer Vaterstadt, sondern ihres Landes im weiten Umkreis, ja ihrer Zeit im weiten Sinn. Die zeitgenössischen Maler haben ihre Porträts angefertigt, wie Burgkmair, Holbein, Amberger, Urs Graf, Dürer, Cranach, um nur einige deutsche Meister des 15. und 16. Jahrhunderts zu nennen. Die Zahl und Bedeutung der Italiener aus der Zeit vorher und aus der gleichen Zeit überwiegt sie alle bei weitem. Wer nach dem Ursprung des modernen Unternehmers forscht, wird sich an Hand der Kultur- und Kunstgeschichte, an Hand der Sozial- und Rechts-

---

[20] Vgl. Rörig, Fritz: Wirtschaftskräfte im Mittelalter. Abhandlungen zur Stadt- und Hansegeschichte, hrsg. v. P. Kaegbein, Graz 1959; Poschinger, H. v.: Bankgeschichte des Königreichs Bayern, 2. Lfg. Bankgeschichte der Reichsstadt Nürnberg, Erlangen 1875; Kusch, Eugen: Nürnberg. Lebensbild einer Stadt, Nürnberg 1950; Dietz, Alexander: Frankfurter Handelsgeschichte, 4 Bde., Frankfurt a. M. 1910—1925.

geschichte orientieren und informieren müssen. Das feinädrige Geflecht der spätmittelalterlichen Großunternehmung mit ihrer ersten gewaltigen Vermögensansammlung, die bei den Fuggern Ende des 15. Jahrhunderts die Summe von 2 Mill. Gulden — eine für damalige Zeit gewaltige Größe — erreicht, ist nicht an einem Tag, sondern in der Abfolge von 3 bis 4 Generationen entstanden. Dazu haben schriftkundige Berater mitgewirkt und alle Kunde von draußen wurde in den Köpfen der Kaufmannschaft in die Tat umgesetzt, in die kaufmännische Handlung eingebracht, in der Mehrung des Besitzes durch Stärkung und Ausdehnung der Beziehungen realisiert.

## 3. Markt

Der Markt als historische Tatsache reicht in die ältesten Kulturzeiten, weit in die vorchristlichen Jahrtausende zurück. Die griechische Agora, von Jacob Burckhardt eindrucksvoll beschrieben[21], ist Tauschort der Händler und Verbraucher, Treffpunkt der Dichter und Philosophen, geselliger und gesellschaftlicher Mittelpunkt des bürgerlichen Lebens in Athen[22]. Das römische Forum in der Nähe des Kapitols hat zugleich höchste politische wie alltägliche wirtschaftliche Bedeutung. Primitive Holzbuden weichen den überdachten Hallen und späteren Marmorhäusern der Händler und Geldwechsler, wie dies Theodor Mommsen schildert[23]. Der Fondaco in Venedig geht auf Vorbilder arabischer Niederlassungen in Alexandrien (Ägypten) zurück.

Blickt man weiter in die Vergangenheit, so erinnert die glanzvolle Geschichte kleinasiatischer Hafenstädte wie Ephesus, Milet, Tyrus und

---

[21] Burckhardt, Jacob: Griechische Kulturgeschichte, hrsg. v. Oeri, 4 Bde., Berlin und Stuttgart 1898/1902; ders.: Weltgeschichtliche Betrachtungen, 7. Aufl., Stuttgart 1949 (1. Aufl. 1935); ders.: Zum Sehen geboren, München 1942.

[22] Vgl. Böckh, A.: Die Staatshaushaltung der Athener, 3. Aufl., hrsg. v. M. Fränkel, 2 Bde., Berlin 1886 (1. Aufl. 1817); Rostovtzeff, M.: Die Hellenistische Welt, Gesellschaft und Wirtschaft, aus dem Englischen übers. v. G. und E. Bayer, (Titel der Originalausgabe: The Social and Economic History of the Hellenistic World, Oxford 1941), Sonderausgabe des bei der Wissenschaftlichen Buchgesellschaft Darmstadt erschienenen Bandes: Gesellschafts- und Wirtschaftsgeschichte der Hellenistischen Welt, 3 Bde., Tübingen 1955—56; ders.: Gesellschaft und Wirtschaft im römischen Kaiserreich, aus dem Engl. übers. v. L. Wickert, 2 Bde., o.O. 1929; ders.: Geschichte der alten Welt, aus dem Engl. (A History of the Ancient World) übers. v. H. H. Schaeder, 2 Bde., Leipzig 1941/42; Beloch, Karl Julius: Griechische Geschichte, 2. Aufl., Bd. 1, 2 Abteilungen, Berlin-Leipzig 1924—26, Bd. 2, 2 Abteilungen, Straßburg 1914—16.

[23] Vgl. Mommsen, Theodor: Römische Geschichte, 5 Bde., Bd. 4 nicht erschienen, Bd. 1—3 in 10., Bd. 5 in 6. Aufl., Berlin 1907—1909.

im Landesinneren gelegener Städte wie Damaskus und Antiochien an die jahrhundertelange wechselvolle und schicksalhafte Geschichte, in der politische Macht und wirtschaftliche Größe einander erhöht und überhöht haben. Solche Städte sind Mittler und Partner einer großräumigen Verkehrswirtschaft durch die Jahrhunderte gewesen, Mittler zwischen Morgen- und Abendland, Partner an handwerklicher Fertigung, Handel und Schiffahrt. Alles dies war durch Gesetz und Marktordnung geregelt; Maße, Gewichte und Münze, ja auch Preise und Güterqualität waren von der Obrigkeit angeordnet und überwacht. Die Marktaufsicht war allenthalben streng, die staatlichen Vorschriften wurden je nach der wirtschaftlichen Lage gelockert oder verschärft. Anbietungszwang, Bearbeitungs- und Ablieferungsvorschriften, wie sie etwa in Byzanz[25] rund ein Jahrtausend gegolten haben, gab es in allen Zeiten, nicht immer in gleicher Strenge und ständiger Geltung.

Der Markt als historische Tatsache ist nur selten in der allgemeinen Geschichte hinreichend gewürdigt. Seine Entstehung und Ausweitung ist in der Wirtschafts- und Kulturgeschichte noch heute umstritten. Mit Recht haben die Historiker (Karl Julius Beloch) gesagt, die Griechen hätten sich nicht immer in Hexametern ausgedrückt, zum Verständnis der Antike gehöre nicht nur zu wissen, was Griechen und Römer gedacht und gedichtet, sondern auch, wovon sie gelebt und wie sie sich ernährt haben. Die Tempelwirtschaft der Sumerer zeigt die gleiche Verbindung religiöser Formen unter der Priesterherrschaft mit Formen der Landpacht, Geldleihe und der wirtschaftlichen Verwaltung überhaupt wie bei den Pharaonen, den Ptolemäern, den Griechen und Römern. Die Gottheit überragt in der Theokratie alle irdische Macht und allen weltlichen Besitz, in ihrem Namen werden Verträge geschlossen, von ihrer Priesterschaft werden sie ausgefertigt, ihr gehören die Ländereien und Tempelschätze, von hier aus erfolgt die Ausleihe von Geld und Saatgut, die Einschätzung und Einziehung der Abgaben. Durchstößt man die religiöse Verbrämung, so bleiben Grundformen des Tausches, der Preisbildung, der Geldleihe, Zinsberechnung, und der Unterschied gegenüber dem christlichen Mittelalter in wirtschaftlicher Hinsicht wird gering.

Der mittelalterliche Markt in Lübeck und Goslar, Köln und Magdeburg, Basel und Straßburg, seine Topographie, die Genealogie der im Patriziat vertretenen Geschlechter — zeitweilig um die Mitte des 14. Jahrhunderts der im Rat vertretenen Zünfte — sind ein bedeutsames Kapitel der Marktgeschichte. Bestimmte handwerkliche Fertigkeiten,

---

[25] Vgl. Kiefer, Otto: Kaiser und Kaiserinnen von Byzanz, Berlin 1937; Keller, Werner, Ost minus West = Null. Der Aufbau Rußlands durch den Westen, München 1960; Besson, Waldemar (Hrsg.): Geschichte, Fischer-Lexikon, Frankfurt a. M. 1961.

Besitzrechte, Standorte der Marktbuden vererben sich von Geschlecht zu Geschlecht.[26]

Vor der Zerstörung der Innenstadt (1945) bot Nürnberg mit seinen Patrizierhäusern, den berühmten Innenhöfen, Laubenumgängen und Arkaden, mit den dazugehörigen Kellergewölben und Magazinen ein einmaliges Anschauungsmaterial für die Kaufmannsfamilien und vermittelte eine Vorstellung von dem Vorrang einzelner Geschlechter im Stadtregiment wie im Fernhandel. Das Haus war der Sitz der Verwaltung und zugleich Wohnung der Familie und des Gesindes wie Unterkunft für Pferd und Wagen und allen Warenvorrat. Die Tuchergasse, Bindergasse und Theresienstraße boten historische Zeugnisse für die Stellung einzelner Kaufmannsgeschlechter, ihren Familienbesitz und ihre weitreichenden Beziehungen, die bei dem Ratsherrn Nikolaus Muffel zwar bis zum Kaiser und zum Papst reichten, ihn aber nicht vor dem Galgen schützen konnten, die bei den Nürnberger Patriziern und Rechtsgelehrten der Scheurl, Celtis und Pirckheimer bis Florenz, Mailand und Venedig reichten und sich über mehrere Jahrhunderte erhalten haben.

Das Marktgeschehen in Italien, der Schweiz und in Frankreich enthält Entwicklungslinien, die für die Geschichte des Geldwesens und des Zahlungsverkehrs grundlegend und für die Absonderung des Geldverkehrs vom Warenverkehr wie für die Ausbildung eigentlicher Geld- und Kapitalmärkte aufschlußreich sind. Zwar ist von der Entstehung der ersten Geldmärkte im 14. Jahrhundert bis zur Herausbildung des modernen Kapitalmarktes eine Zeitspanne von wohl 500 Jahren, aber nichts kann aus dieser Entstehung des modernen Kapitalmarktes weggelassen werden, weder die Begegnung der Kaufleute bei ihren Messen und Märkten seit dem 12. Jahrhundert noch die Ausprägung der Verrechnungsmethoden (Skontration im 14. und 15. Jahrhundert), noch die Begründung der Produktenbörsen (S. 39) seit dem 16. Jahrhundert, noch die Fortführung der interlokalen und internationalen Geldleihe[27].

Autoren wie Levin Goldschmidt und Richard Ehrenberg, die diese Entwicklung nachzeichnen, stützen sich auf Bodin, Savary, Guicciardini,

---

[26] Vgl. Bastian, Franz: Das Runtingerbuch 1383—1407 und verwandtes Material zum Regensburger-Südostdeutschen Handel und Münzwesen, 3 Bde., aus der Reihe: Deutsche Handelsakten des Mittelalters und der Neuzeit, hrsg. v. der Historischen Kommission bei der Bayerischen Akademie der Wissenschaften, Bd. VI—VIII, Regensburg 1935—44; Grote, Ludwig: Die Tucher. Bildnis einer Patrizierfamilie, München 1961; Veit, Ludwig: Handel und Wandel mit aller Welt. Aus Nürnbergs großer Zeit, München 1960.

[27] Über die Gefahr wirtschaftlicher Sterilität Hollands in der zweiten Hälfte des 18. Jh. vgl. v. Herder, Johann Gottfried: Reisejournal, 1769, Ausgabe E. Blochmann u. a.: Kleine Pädagogische Texte, 2. Aufl., Weinheim 1961, S. 65 —67; Goldschmidt, L.: Universalgeschichte des Handelsrechts, 1. Lieferung,

Uzzano u. a. Neueste Forschungen wie solche von Postan-Rich, Sayers, Ashton, J. van Klaveren und R. de Roover bringen neuartige Aufschlüsse und Auslegungen über die Abspaltung des Geld- und Kapitalmarktes vom Güter- und Warenmarkt, über die Entwicklung der internationalen Kreditwirtschaft durch Wechsel und Giro, später durch die Anleihe und seit Ende des 16. Jahrhunderts durch die Aktie.

---

1. Abteilung des 1. Bd. von: Handbuch des Handelsrechts, 1. Aufl. 1864, 3. Aufl., Stuttgart 1891; Ehrenberg, Richard: Das Zeitalter der Fugger. Geldkapital und Creditverkehr im 16. Jahrhundert, 2 Bde., 1. Aufl. 1896, 3. Aufl., Jena 1922; van Klaveren, Jacob: Europäische Wirtschaftsgeschichte Spaniens im 16. und 17. Jahrhundert, Stuttgart 1960; vgl. hierzu Linhardt, Hanns: Güterverkehr und Zahlungsverkehr im Fernhandel des Mittelalters und zu Beginn der Neuzeit, Besprechungsaufsatz zu van Klaveren, in ZfhF, NF., 13. Jg., 1961, S. 203—206; Erwiderung hierzu von Jacob van Klaveren, in: ZfhF, N. F., 13. Jg., 1961, S. 462—463; vgl. Hasenack, Wilhelm: Stoffwirtschaft, in: Handwörterbuch der Betriebswirtschaft, 3. Aufl., hrsg. v. H. Seischab und K. Schwantag, 3. Bd., Stuttgart 1958, Sp. 5240—5256; Leitherer, Eugen: Geschichte der handels- und absatzwirtschaftlichen Literatur, Köln-Opladen 1961.

## III. Beschaffung — Absatz — Preispolitik

### 1. Beschaffung

Die Beschaffungsfunktion ist eine der ältesten und bis heute in sämtlichen Betriebsgattungen die primäre Betriebsfunktion. Kein Wunder, daß sie im Handelsbetrieb von jeher die erste Rolle gespielt hat, im Industriebetrieb nicht minder, während bei anderen Betriebsgattungen, wie bei Banken und Versicherungen, die Beschaffungsfunktion nur abgeleitet, etwa als Funktion der Kreditbeschaffung oder der Entgegennahme von fremden Mitteln, an ihre Stelle tritt. Beschaffung und Absatz sind ausgesprochen betriebswirtschaftliche, keine volkswirtschaftlichen Grundbegriffe. So ist auch der Begriff des Beschaffungsmarktes analog der Begriff des Absatzmarktes nur betriebswirtschaftlich, d. h. vom Standpunkt der einzelnen Unternehmung aus zu verstehen. Es gibt keinen volkswirtschaftlichen Beschaffungsmarkt und keinen volkswirtschaftlichen Absatzmarkt. In der Volkswirtschaftslehre ist der Markt ein und dasselbe, hingegen ist in der Betriebswirtschaftslehre der Beschaffungsmarkt der einen Unternehmung der Absatzmarkt der anderen Unternehmung. Die Beschaffungsfunktion spielt im Handel vor Jahrhunderten und Jahrtausenden grundsätzlich die gleiche Rolle wie in der Gegenwart, unterliegt aber den starken Schwankungen zwischen den Polen der Selbstversorgung statt Tauschbelebung und der Tauschbelebung statt Selbstversorgung mit Konsumbeschränkung. In jeder Zeit galt der Handel den lebenswichtigen Erzeugnissen für die Ernährung und Kleidung, nicht minder für die Errichtung von Bauten. Die wichtigsten Handelsartikel in der Antike wie im Mittelalter waren Getreide, Öl, Salz, Wein, Früchte aller Art, vor allem aber Wolle, Baumwolle und Leinen, dann Metalle, vor allem Kupfer, Edelmetalle und nicht zuletzt Holz, vor allem für den Bau von Schiffen, Brücken und Häusern. Auch für den Industrie- und Handwerksbetrieb ist die Beschaffungsfunktion grundlegend, geht sie doch gedanklich und zeitlich dem Absatz voran, der seinerseits der Verwertung dient, so daß nach den Überlegungen der Unternehmung Absatz und Beschaffung eine durch den Markt im volkswirtschaftlichen Sinn hergestellte Einheit bilden, die man unter den vor allem von Karl Marx grundlegend verwendeten Begriff der Verwertung bringen kann.

Kein Wunder, daß die älteste kaufmännische Literatur seit dem 14. Jahrhundert (Pegolotti, Uzzano, Davanzatti) die Beschaffungsakte ausführlich beschreibt und nach damaliger Gepflogenheit mit guten Ratschlägen versieht. Das beherrschende Werk der kaufmännischen Literatur des 17. Jahrhunderts „Le Parfait Négociant" von Jacques Savary[28] hat in den Schriften der Florentiner des 14. Jahrhunderts, die soeben genannt wurden, wichtige Vorläufer und findet anderseits in den Schriften der deutschen Handelsakademiker wie Carl Günter Ludovici — Leipzig, Johann Georg Büsch — Hamburg und Johann Michael Leuchs — Nürnberg bemerkenswerte Nachfolger. Das profunde Werk von Eduard Weber über die Literaturgeschichte des Handels erwähnt diese Zusammenhänge und weist auch auf solche Autoren wie Cotrugli[29], Peri und andere hin. Die sog. Geschlechterbücher oder, wie man sie auch nennt, Haus-, Familien- und Sippenbücher enthalten noch manchen ungehobenen Schatz zur historischen Würdigung der Beschaffungsfunktion[30]. Neuere Untersuchungen wie die von Lopez-Raymond, von R. de Roover, Postan-Rich sowie die wirtschaftsgeschichtlich nur selten herangezogenen „Chroniken der deutschen Städte"[31] liefern ein reiches Quellenmaterial zur Geschichte des Handels, so auch zur Geschichte der Beschaffungsfunktion. Wir finden in diesen Quellen Nachweise der Warenkalkulation, Transportversicherung bis ins 13. Jahrhundert. In den Familienbüchern der Stromer, Holzschuher, der Wittenborg, Warendorp[32] und Manlich, nicht zuletzt in dem erst vor Jahrzehnten von Bastian herausgegebenen Runtinger-Buch des Regensburger Kaufmanns und Münzhändlers Matthias Runtinger finden wir zwar mit Familienangelegenheiten und pri-

---

[28] Savary, Jacques: Le Parfait Négociant, Paris 1675.

[29] Vgl. Kheil, C. D.: Benedetto Cotrugli, Ein Beitrag zur Geschichte der Buchhaltung, Wien 1906.

[30] Müller, Karl Otto: Quellen zur Handelsgeschichte der Paumgartner von Augsburg (1480—1520), Wiesbaden 1955; Hering, Ernst: Die Fugger, Leipzig 1940; Bechtel, Heinrich: Wirtschaftsgeschichte Deutschlands, 3 Bde., 2. Aufl. 1951—56 (1. Aufl. 1941, nur 1. Bd. erschienen); Schulte, Aloys: Geschichte des mittelalterlichen Handels und Verkehrs zwischen Westdeutschland und Italien mit Ausschluß von Venedig, 2 Bde., Leipzig 1900; ders.: Geschichte der Großen Ravensburger Handelsgesellschaft 1380—1530, 3 Bde., Berlin 1923; Kellenbenz, Hermann: Probleme einer deutschen Sozialgeschichte der neueren Zeit, Veröffentlichungen der Hochschule Nürnberg, Nürnberg o.J. (1961); vgl. dazu auch Mariejol, H. J.: The Spain of Ferdinand and Isabella, New Brunswick, USA 1961; Menéndez Pidal, Ramon: Die Spanier in der Geschichte, München 1955.

[31] Vgl. Die Chroniken der deutschen Städte vom 14. bis ins 16. Jahrhundert, verschiedene Einzeldarstellungen, hrsg. v. der Historischen Commission bei der Königl. Bayer. Academie der Wissenschaften, Leipzig ab 1862.

[32] Vgl. Penndorf, Balduin: Geschichte der Buchhaltung in Deutschland, Leipzig 1913.

## 1. Beschaffung

vaten Affären bunt gemischtes, aber doch wertvolles historisches Material kaufmännischen Charakters. Es wird mitunter bestritten, daß diese Familien- und Sippenbücher solche wirtschaftshistorischen Daten enthalten. Wer sich aber einmal damit befaßt hat, wird die hier vertretene Ansicht nur bestätigen können. So schildert der Verfasser des Stromer-Buches seine Erfahrungen mit zwei Italienern, die er sich aus Italien hat kommen lassen, weil er in Nürnberg die erste deutsche Papiermühle einrichten wollte. Er hat diese Italiener unter strengen Eid genommen, sie haben zwar nichts ausgeplaudert, aber sie haben auch nichts gearbeitet. Erst nachdem sie eine ordentliche Tracht Prügel bekommen hatten, ging die Arbeit munter vonstatten. Ähnliche wirtschaftliche Inhalte finden wir in anderen Familien- oder Sippenbüchern[33].

Der Reichtum arabischer Schriften über den Handel war lange verschüttet und vergessen. Erst eine neue Literatur, wie die zwölfbändige Geschichte von Toynbee und die Veröffentlichungen islamischer Forscher, besser gesagt Erforscher des Islam, haben diese Quellen neu erschlossen. Die arabischen Kaufleute des 8. bis 15. Jahrhunderts beherrschten den Handel in Kleinasien, Ägypten, den Durchgangshandel über die alten Karawanenstraßen vom Fernen Osten mit den großen Umschlagplätzen Bagdad, Antiochien, Ephesus, Alexandrien, Kairo. Sie teilten sich in den Mittelmeerhandel mit Byzanz und den italienischen Handelsstädten wie Palermo, Amalfi, Brindisi, Neapel, Venedig, von denen einige auf die griechische Kolonisation zurückgehen. Die Rolle der Juden im Handel ist wie ihr völkisches Schicksal wechselvoll, manchmal untergeordnet, manchmal beherrschend, vor allem in der angegebenen Zeit, als die Verbindung zwischen Abendland und Morgenland intensiv und stark vom Handel getragen war. Aus der Zeit der Kreuzzüge, deren Sinn Franz Oppenheimer durchaus in Frage stellt, berichtet er, daß die Juden eifrig damit beschäftigt waren, den Kreuzrittern einen Teil ihrer Beute abzuhandeln oder auf geeignete Weise abzunehmen.

Die Beschaffung des deutschen Fernkaufmanns reicht vom Einkauf auf fremden Märkten und Ursprungsgebieten bis zur Unterhaltung von Produktionsstätten im Ausland. Dies ist bezeugt aus dem 15. und 16. Jahrhundert und betrifft den Anbau von Safran, die Gewinnung von Alaun und Silber durch deutsche Handelsgesellschaften und Fernkaufleute, insbesondere in Italien, bezüglich Silber in Böhmen, Ungarn und anderswo (s. weiter unten).

Die Nürnberger Kaufleute bereisen italienische Anbaugebiete. Sie

---
[33] Welser, Hubert Frhr. v. — Pölnitz, Götz Frhr. v. — Strieder, Peter: Bartholomäus Welser und seine Zeit, hrsg. von der Stadt Augsburg, Augsburg 1962.

sind die ständigen Besucher des Fondaco dei Tedeschi[34] in Venedig, den sie lange Jahrzehnte führend und maßgeblich verwalten. Sie stapeln dort ihre Waren und besorgen ihre Einkäufe und Verkäufe unter strengster Beachtung der von der Republik erlassenen Vorschriften, die einen anderen Kontakt außerhalb der Niederlassung, sei es zum Verkauf, sei es zum Einkauf, strengstens untersagen.

Die Fugger betrieben den Bergbau in Nordspanien, Tirol, Ungarn, Böhmen. Sie stießen dabei trotz ersichtlicher und eindrucksvoller Erfolge immer wieder auf technische Schwierigkeiten des Abbaus, der Verhüttung und nicht zuletzt auf personelle Schwierigkeiten, geeignete Bergleute, Schmelzer und Facharbeiter zu finden. Die politischen Probleme, die sich aus der Silbergewinnung in Verbindung mit der Überlassung der Erzvorkommen seitens der Landesherren ergeben, sind ein Hauptinhalt der Geschichte des Fuggerhauses neben den eigentlich politischen Einflüssen durch den türkischen Sultan, die mächtige Republik Venedig, Kaiser, Päpste, Landesfürsten und nicht zuletzt durch die Konkurrenz. Die Beschaffung von Silber aus eigener Gewinnung, die Beschaffung von Quecksilber und Zinnober, vor allem auch von Kupfer, hatte unmittelbar militärische und dementsprechende politische Bedeutung, sei es für die Kriegsfinanzierung durch Ausprägung von Silbergeld, sei es zur Kriegsrüstung im Zeitalter der Feuerwaffen und Söldnerheere[35]. Nürnberger Kaufleute bezogen ihr Roheisen aus den Hütten Amberg, Sulzbach, Rosenberg[36], ihren Barchent von Augsburg und Ravensburg; sie richteten im 15. Jahrhundert eigene Webereien in Nürnberg ein; die

---

[34] Schuster, Leo: Die Rolle der Nürnberger Kaufherren am Fondaco dei Tedeschi in Venedig, Diplomarbeit, abgedruckt in: Mitteilungen aus der Stadtbibliothek Nürnberg, Jg. 11, Heft 1, Mai 1962, S. 1—54.

[35] v. Pölnitz, Götz: Fugger und Hanse. Ein hundertjähriges Ringen um Ostsee und Nordsee, Schwäbische Forschungsgemeinschaft bei der Kommission für Bayerische Landesgeschichte, Reihe 4, Bd. 2, Studien zur Fuggergeschichte, Bd. 11, hrsg. v. G. v. Pölnitz, Tübingen 1953; ders.: Jakob Fugger, Quellen und Erläuterungen, Tübingen 1951; ders.: Jakob Fugger, Kaiser, Kirche und Kapital in der oberdeutschen Renaissance, Tübingen 1949; ders.: Die Fugger, Frankfurt a. M. 1959; ders.: Anton Fugger, Bd. 1: 1453—1535, Bd. 2: 1536—1548 (Teil I: 1536—1543), Schwäbische Forschungsgemeinschaft bei der Kommission für bayerische Landesgeschichte, Reihe 4, Bd. 6 und 8, Studien zur Fuggergeschichte, hrsg. v. G. v. Pölnitz, Bd. 13 und 17, Tübingen 1958 und 1963; vgl. hierzu Buchbesprechung des 2. Bandes, Teil I von H. Linhardt, in: BFuP und ZfB 1964; v. Pölnitz, Götz: Venedig, München 1951; Zwiedineck-Südenhorst, Hans v.: Venedig als Weltmacht und Weltstadt, Monographien zur Weltgeschichte, Bd. 8, Bielefeld und Leipzig 1899; Schuster, Leo: Die Rolle der Nürnberger Kaufherren am Fondaco dei Tedeschi in Venedig, Diplomarbeit, abgedruckt in: Mitteilungen aus der Stadtbibliothek Nürnberg, Jg. 11, Heft 1, Mai 1962, S. 1—54.

[36] Vgl. Ress, Franz Michael: Die oberpfälzischen Hammereinigungen von 1341 bis 1626, in: ZfhF, N.F., 1950, Bd. 2, S. 39—44.

sog. Sieben Zeilen am Webersplatz unweit der Burg sind heute noch ein historisches Zeugnis dieser Art von Verlagssystem. Die Fachleute für diese am Ort eingerichteten Webereien holten sich die Nürnberger von Augsburg heran. Die Nürnberger Kaufleute übernahmen im Verlagssystem die Einrichtung, die Rohstoffversorgung und auch die Beschäftigung von Webereien in Thüringen. Hierüber berichtet Heinrich Bechtel auf Grund kirchlicher und kunstgeschichtlicher Belege, wie Stifterfiguren in Kirchenfenstern, Altarbildern und dergl.

## 2. Absatz

Beschaffung und Absatz liegen im mittelalterlichen Handel erstaunlich weit auseinander, räumlich wie zeitlich. Es war der weltumspannende Geist des mittelalterlichen Kaufmanns, der nach Ansicht der Historiker (F. Rörig, A. Schulte, A. Doren, B. Kuske, H. Sée)[37] eine echte Weltwirtschaft schuf, ehe die Neue Welt entdeckt war. Ihre Entdeckung wurde durch politische Ereignisse, vor allem durch die Eroberung Konstantinopels durch die Türken im Jahre 1453 herbeigeführt, weil dadurch der alte Weg zu den Reichtümern Arabiens, Persiens, Indiens und in geringerem Umfang auch zu den Reichtümern Chinas mit den dazugehörigen Nachbarländern und Randgebieten gefährdet oder sogar versperrt war.

In der zweiten Hälfte des 14. Jahrhunderts setzt sich eine Verfeinerung der Lebenshaltung und ein gewiß vom Adel ausgehender, aber vom städtischen Patriziat manchmal übertroffener Luxus der Kleidung, der Lebensführung, der Wohnweise durch, so daß die Chronisten öfter darüber berichten, daß nicht nur Bürgersfrauen, sondern auch Knechte und Mägde sich wie Standespersonen in Samt und Seide kleiden. Immer wieder wurden damals und später sog. Kleiderordnungen erlassen, die dem Luxus vorbeugen und die Standesunterschiede, vor allem zwischen dem Adel und Bürgertum, erhalten sollten[38].

---

[37] Doren, Alfred: Italienische Wirtschaftsgeschichte, Handbuch der Wirtschaftsgeschichte, hrsg. v. G. Brodnitz, Bd. 1, Jena 1934; Kuske, Bruno: Die Entstehung der Kreditwirtschaft und des Kapitalverkehrs, in: Die Kreditwirtschaft, 1. Teil, Kölner Vorträge, veranstaltet von der Wirtschafts- und Sozialwissenschaftlichen Fakultät der Universität Köln, WS 1926/27, Bd. 1, Leipzig 1927, S. 1—79; Sée, Henri: Französische Wirtschaftsgeschichte, Handbuch der Wirtschaftsgeschichte, hrsg. v. G. Brodnitz, 2 Bde., Jena 1930 und 1936.

[38] Baasch, Ernst: Holländische Wirtschaftsgeschichte, Jena 1927; Huizinga, Johan: Herbst des Mittelalters, 6. deutsche Aufl. 1952, 1. Aufl. 1923, aus dem Holländischen (Herfsttij der middeleeuwen) übers. v. T. Wolff-Mönckeberg, nach der 2. Aufl. 1921 (1. Aufl. 1919), Angleichung an die Ausgabe letzter Hand, 1941, v. K. Köster.

Woher stammt dieser Reichtum im 14. Jahrhundert, nachdem vor der über ganz Europa ausgebreiteten Pest, die ein Drittel der Bevölkerung ausgelöscht hat, eine Periode äußerster Armut und Dürftigkeit in Kleidung, Nahrung und sonstiger Lebenshaltung herrscht? Es ist gewiß nicht der einzige Grund, aber wohl einer unter mehreren Gründen, wenn man annimmt, der Fernhandel habe zu dieser erstaunlichen Änderung in Gesittung, Lebensführung und äußerer Ordnung beigetragen.

Man möchte nicht dem Irrtum verfallen, Ursache und Folge zu verwechseln. Der Fernhandel bringt nichts zustande, er holt nichts heran, was nicht von seinen Abnehmern gezahlt, verlangt und in den Verbrauch übernommen wird, mag es sich nun um chinesische Seide, indische Perlen und Edelsteine, persische Teppiche oder arabische Düfte und Spezereien handeln. Aber auch die Ernährung gewinnt im 14. Jahrhundert, was uns Johan Huizinga in seinem "Herbst des Mittelalters" so eindrucksvoll zu schildern weiß, einen Reichtum der Tafel, eine Fülle der Genüsse an Obst, Gemüse, Fleisch, Wildbret, Fisch, daß solcher Reichtum gewiß nicht überall an Ort und Stelle im eigenen Besitz — sagen wir des Gutsherren, des Schloßherren — in seinen Wäldern, Parkanlagen und landwirtschaftlichen Betrieben entstehen konnte. Der Handel hat dazu beigetragen, der Handel, der Öl, Wein, Alaun, Farbstoffe, wie Indigo, edle Hölzer, Häute und Felle herangeführt hat, Alaun zum Färben und Schönen, auch zur Konservierung von Häuten und Fellen, die einen begehrten Artikel zur Herstellung von Pelzwerk und zur Verbrämung vornehmer Kleidung bilden, wie wir es aus Abbildungen des 15. und 16. Jahrhunderts von der Hand bekanntester italienischer, flämischer, deutscher Meister ersehen. Pelzwerk war auch beim einfachen Volk nicht unbekannt, zumal die Arbeit des Bauern, des Hirten, des Holzfällers in strengen Wintermonaten des Schutzes vor harter Kälte und bitterem Frost bedurfte.

Der Bürger kannte die Früchte eines südlichen Himmels sehr wohl, die Nürnberger Hausfrau wußte im 14. Jahrhundert bereits die berühmten Nürnberger Lebkuchen, die später als Markenartikel eine nicht nur in Deutschland geschätzte Verbreitung fanden, mit Mandeln, Nüssen, Rosinen, mit Zitronat und Orangeade zu mischen und ihnen dadurch einen erhöhten Wohlgeschmack zu verleihen. Bekanntlich ist der Ausgangspunkt für die berühmten Nürnberger Lebkuchen der Honigreichtum des weit ausgedehnten Reichswaldes, der der Reichsstadt Nürnberg unterstand. Er erstreckte sich wohl über 50 km bis nach Velden und Neuhaus und an den Ursprung des Flüßchens Pegnitz. Umgekehrt kannte der Mailänder den Genuß des Herings der Nordsee und der Ostsee, der eine aus dem holländischen, der andere aus dem hanseatischen Handel stammend. Die Lübecker nutzten ihre Monopolstellung in der Ostsee gegen die Schweden und Dänen. Sie wußten diese Monopolstellung nicht nur im Handel, sondern auch im Heringsfang energisch und zielbewußt zu verteidigen und auch noch auszubauen. Jedes Jahr zur bestimmten Zeit verließen ganze Flotten von Heringsfängern mit leeren Tonnen die Lübecker Häfen und fuhren in die Fanggründe, wo der Hering sofort verarbeitet und in Tonnen verpackt wurde, um später so weite Reisen wie die nach Oberitalien anzutreten. Wer über die damaligen Verpakkungsmethoden und Transportverhältnisse nicht Bescheid weiß, bezweifelt mitunter eine solche Verbreitung des norddeutschen Herings bis nach Oberitalien. Beweise hierfür nennt Fritz Rörig in dem wiederholt genannten Werk über die „Wirtschaftskräfte des Mittelalters".

Im Gewürzhandel waren komplizierte Vertragsformen, Spekulationsarten, Termingeschäfte schon im 13. Jahrhundert unter den Fernkaufleuten gang und gäbe. Die Behörden verboten oft genug Preismanöver, vor allem bei der Verteuerung des Getreides und des Brotes. Die Kaufleute hielten Bestände zurück, sie trafen Abmachungen monopolähnlichen und kartellartigen Charakters. Die sog. Börsen, wie sie Mitte des 16. Jahrhunderts an zahlreichen Handelsplätzen wie in Brügge, Antwerpen, Paris, Hamburg, London und anderswo errichtet wurden, dienten zunächst dem Warenhandel, also im engeren Sinn der heute so bezeichneten Produktenbörsen. Insbesondere war es der Gewürzhandel in Pfeffer, Muskat, Safran, vor allem aber auch der Wollhandel und der Tuchhandel, die weitgehend an solchen Börsen organisiert wurden. Selbstverständlich war die Voraussetzung für einen börsenmäßigen Produktenhandel die Vertretbarkeit der Ware, die weitgehend durch Qualitätskontrolle, sogar durch Beeinflussung der Anbaumethoden und deren Überwachung, vor allem aber durch die vom Handel übernommene Funktion der Sortierung und der Qualitätsbestimmung, erreicht wurde.

Wenn mitunter die Ansicht vertreten wird, die Produktenbörsen seien lediglich Treffpunkt ausländischer Kaufleute gewesen, so ist das durch zahlreiche historische Belege widerlegt, vor allem für Antwerpen, später für Amsterdam und dann auch für London. An diesen Produktenbörsen wurden tatsächlich Umsätze in Waren getätigt. Die Begegnung der Kaufleute konnte auch anderswo stattfinden und sie fand immer noch an den Messen und Märkten statt.

Die Produktenbörsen des frühen und mittleren 16. Jahrhunderts darf man als Vorläufer der Effektenbörsen verstehen, auch wenn die Zusammenhänge national verschieden und international vielleicht nicht eindeutig geklärt sein mögen. Sicherlich hat zu dieser Entwicklung das Zusammentreffen wohlhabender, reicher Warenkaufleute und Fernkaufleute beigetragen. Handelsgesellschaften wie die Fugger, Welser, Höchstetter, die Tucher u. a. hatten an den Plätzen der Produktenbörsen ihre ständigen Finanzagenten. Diese Finanzagenten betätigten sich sowohl im Warenhandel wie in immer mehr aufkommenden Finanzgeschäften. Sie wurden Vermittler von Handelskrediten, zugleich Vermittler von politischen Finanzgeschäften, von Staatskrediten an in- und ausländische Mächte. Es ist bekannt, daß der Engländer Thomas Gresham, berühmt durch das von ihm stammende sog. Greshamsche Gesetz, als Finanzagent einer Reihe englischer Monarchen diente (vgl. VII, 2).

Sucht man nach den Anfängen des Kapitalismus und sucht man sie an der rechten Stelle, da nämlich, wo die Geldleihe gegen Zins einsetzt und die Aktionsfähigkeit der ersten größeren Handelsgesellschaften durch genommenen und gegebenen Kredit sich gewaltig ausdehnt, so wird man diese Anfänge an jenen Plätzen finden, an denen zunächst der Warenumsatz und in Verbindung damit die eigentliche Geldleihe erstmalig aufgetreten sind. Aus diesen Plätzen haben sich die ersten modernen Geldmärkte wie der von Amsterdam, später die von Frankfurt, Hamburg entwickelt. Die Vorrätigkeit, von der Karl Marx mit Recht sagt, sie sei das erste Merkmal des Kapitalismus[39], drückt sich erst in Vorräten an Konsumgütern, an haltbaren Lebensmitteln, wie Getreide, Öl, dann in Edelmetallen, Schmucksachen, Münzen und Geräten aus und schlägt sich hernach in Kredit, Schuldscheinen, Wechsel, Leibrenten, kurz in Wertpapieren nieder.

Wenn man in der heutigen Verkehrswirtschaft den Handelskredit als den Schrittmacher des Warenabsatzes betrachtet, so sind die Anfänge dazu im 13. und 14. Jahrhundert nach der Intensivierung des Geldverkehrs, nach allgemeiner Anwendung der Bar- und Kreditzahlung gegeben. Insofern interessiert durchaus die Entstehung selbständiger Geldmärkte aus den Treffpunkten der Kaufleute, aus den Warenstapel- und Umschlagplätzen der größten und ältesten Messen und Märkte, an denen die Italiener von Anfang an einen erheblichen Anteil gehabt haben.

Ein von der politischen Satire, von Gesellschaftskritikern und Sozialreformern immer wieder aufs heftigste angegriffener Handelsvorgang ist der sog. Vorkauf gewesen. Es ist eine Art Termingeschäft ohne Warenumsatz mit preissteigernder Tendenz. Sebastian Brant geißelt ihn in seinem „Narrenschiff"[40], Ulrich von Hutten, Martin Luther kritisieren derartige Praktiken. Die Zunfthandwerker, aber auch die Bauern werden bei den Reichstagen über die Vertretung der Stände vorstellig, wie

---

[39] Marx, Karl: Das Kapital. Kritik der politischen Ökonomie, 3 Bde., erstmalig erschienen 1867—1889, hrsg. v. F. Engels, Nachdruck der Ausgabe des Marx-Engels-Lenin-Instituts von 1932 unter Fortlassung der Einleitung des Instituts, Berlin 1947—49.

[40] Brant, Sebastian: Das Narrenschiff, (1494) Leipzig 1877.

## 2. Absatz

überhaupt seit Kaiser Sigismund bis Karl V. die Klagen über die „monopolia" immer lauter werden; Johann Joachim Becher berichtet hierüber in seinem „Politischen Discurs"[41].

Der Sicherung des Absatzes dient das Gütezeichen in mancherlei Form, wie es schon im 14. Jahrhundert auftritt. Die Nachbarn der Reichsstadt Ulm bemühen sich darum, das Ulmer Gütezeichen für ihre Webwaren benützen zu dürfen, weil es als Qualitätsgarantie geschätzt ist[42]. Die Solinger Stahlwaren führen ihre Hausmarken bis ins 14. und 15. Jahrhundert zurück[43]. In Verbindung mit dem Absatz stehen Verpackung und Transport. Als Verpackungsmaterial dienten vor allem Holzfässer, Leinensäcke, Umhüllungen von Spanholz, weidengeflochtene Körbe. Die Holzfässer wurden vor allem für den Transport von Wein, Essig, Öl, Honig, Butter verwendet. Die Herstellung der Holzfässer und Behälter beschäftigte Handwerker in einem Umfang, wie es unserer Zeit durchaus nicht mehr geläufig, ja nicht einmal mehr vorstellbar ist. Eine Reihe von Namen, die früher Berufe und Zunftbezeichnungen betrafen, erinnert noch daran wie Böttcher, Küfer, Faßbinder, Wannemacher und viele andere, die man in den Handbüchern der deutschen Sprache von den Brüdern Grimm und späteren Autoren nachlesen kann. Der Fernhändler hatte zuverlässige Fuhrunternehmen zur Hand, welche die Transportrisiken trugen und die Unterhaltung eigener Fahrzeuge, Zugtiere und Fuhrleute entweder erübrigten oder einschränkten. Hierüber sind die Historiker nicht einig. Es wird vielfach bestritten, daß es im 14. oder im 15. Jahrhundert selbständige Fuhrunternehmer gegeben haben mag, die dem Fernhändler die Transportrisiken überhaupt oder weitgehend abgenommen haben. An einem Kunstbrunnen in dem Allgäuer Städtchen Hindelang ist eine Inschrift zu lesen, wonach die Hindelanger Frächter, wie sie sich nannten, 300 Jahre lang den Transport über den Oberjoch-Paß nach Süd und Nord durchgeführt haben.

Ähnliches dürfte für zahlreiche andere Alpenpässe gelten. Regelmäßige Postverbindungen gab es weder in Deutschland noch in Frankreich vor Ende des 15. Jahrhunderts. Die vorhandenen Posten waren nicht von den Städten und nicht für die Kaufleute, sondern von Fürstenhöfen zur

---

[41] Becher, Johann Joachim: Politischer Discurs, Frankfurt a. M. 1668, 6. Aufl. 1759; Steinhüser, F. A.: Johann Joachim Becher und die Einzelwirtschaft, Nürnberger Beiträge zu den Wirtschaftswissenschaften, hrsg. v. W. Vershofen und H. Proesler, Heft 24/25, Nürnberg 1931; Thiel, Rudolf: Ruhm und Leiden der Erfinder, Berlin 1944.

[42] Schmoller, Gustav: Die geschichtliche Entwicklung der Unternehmung, Artikel I—XIII, in: Jahrbuch für Gesetzgebung und Verwaltung, N.F., Jg. XIV (1890) bis XVII (1893).

[43] Hundhausen, Carl: Die Solinger Hauszeichen, ca. 1935, als Manuskript gedruckt.

Übermittlung von Nachrichten, Urkunden, Dokumenten, Schriftsachen geschaffen worden. Es war den reitenden Boten der Fürsten, die Verbindung der einzelnen Höfe herzustellen hatten, strengstens, sogar bei Todesstrafe, verboten, von Privatpersonen Nachrichten mitzuführen. Dieses Verbot wurde trotz seiner Strenge häufig durchbrochen, bis es schließlich unter der Wirkung des wirtschaftlichen Informationsbedürfnisses nach und nach aufgehoben wurde[44].

Freilich werden durch Kriege und Unruhen manche Straßen gefährdet. Im Winter waren nicht nur die Alpenpässe ungangbar, die Küstenschifffahrt war eingestellt, die Häfen wurden gesperrt (gewöhnlich von Oktober bis März). Längere Kriege führten zur Verödung sonst stark besuchter Handelsplätze.

Das Herbergswesen wurde zum Teil durch Klöster bestritten, die für Kaufleute besondere Unterkünfte bereit hielten. Sonst aber lag es vielfach im argen und der reisende Kaufmann tat gut daran, sich bei Freunden, Angestellten oder in der Kaufmannsgilde anzumelden und einzuquartieren, wenn er nicht in den privaten Herbergen schlimmste Erfahrungen machen wollte mit fragwürdigem Gesindel, das mit den Wirten unter einer Decke steckte, oder unangenehmste Überraschungen bei der Pflege der Pferde, der Verwahrung des Transportgutes oder unbequeme Verhältnisse beim Nachtlager erleben mochte. Der Kaufmann trug sein bares Geld in seiner Geldkatze auf dem Leibe. Es gibt in der Literatur zahlreiche, teils amüsante, teils schauerliche Geschichten von Räubern und verwunschenen Quartieren und allerlei Diebesgesindel. Friedrich Schiller, Wilhelm Hauff, Justinus Kerner u. a. haben darüber berichtet.

### 3. Preispolitik

Der Verbrauchswandel, die Produktionstechnik, aber auch die Vorrathaltung und die Verbesserung der Transportverhältnisse etwa seit Anfang des 15. Jahrhunderts haben der vielfach noch ortsgebundenen Wirtschaft starke Auftriebe gegeben. Der Handel nahm zu, das Geldwesen breitete sich aus, stark gefördert von der Kirche, die alles Interesse an der Erfüllung wirtschaftlicher Leistungen und Abgaben in Geld, an der Ablösung von Naturallasten in Geld, an der interlokalen und internationalen Übertragung ihrer Einnahmen in Geld hatte.

Die über Jahrhunderte feststellbare Tendenz zur Preissteigerung etwa von 1250 bis 1650 dürfte jedoch in der Hauptsache aus der überall prak-

---

[44] Vgl. Gehlen, Arnold: Der mobile Mensch, in: Westermanns Monatshefte, 103. Jg., 1962, Heft 5, S. 5—8. Dort berichtet der Verfasser, daß einzelne Klöster wie Cluny Anfang des 9. Jahrhunderts auch bereits ständige Postverbindungen unterhalten haben.

tizierten Geldverschlechterung durch häufige Münzumprägung auf Anordnung der Landesherren verursacht sein. Ein aufschlußreiches Beispiel bietet Bernhard Harms in seiner Jünglingsschrift über „Die Münz- und Geldpolitik der Stadt Basel im Mittelalter" (Tübingen 1907). Er schildert, daß der Bischof mit dem Rat der Stadt lange im Streit lag, weil er sich das Münzrecht nicht nehmen ließ und dieses so auffaßte, nach eigenem Gutdünken und rein für private Zwecke die Münze beliebig verschlechtern zu können. Die Kaufleute versuchten, den Münzverschlechterungen durch Anwendung des sog. Rechengeldes zum Unterschied von Zählgeld (in Form ausgeprägter Münzen) zu entgehen. Als Rechengeld wurden die Mark Silber fein, auch die Mark Gold fein oder Gewichtsteile hiervon nach verschiedenen Münzfüßen zugrunde gelegt. Hierbei waren der Florentiner, später der Rheinische Gulden oder die Lübische Mark, nachher die Nürnberger Mark in Gebrauch. Das Pfund Silber fand in zahlreichen Wortverbindungen wie libra, livre und im englischen Pfund einen entsprechenden Fachausdruck, der jedoch immer mehr die Bedeutung einer Münze, immer weniger die einer Gewichtseinheit bekam.

Daß in größeren Handelsplätzen Monopolbestrebungen auftraten, ist erwiesen. Einzelne Landsmannschaften wie die Italiener in Spanien, Frankreich, Flandern und England erstrebten ihr Monopol des Stapels in Brügge und London, bis diese bedeutenden Kontore unter dem Einfluß nationaler Interessen und Ideologien Ende des 16. Jahrhunderts geschlossen wurden. Die Hanseaten verteidigten ihr Vorrecht im Fischfang, im Heringshandel, im Getreidegeschäft und in der Schiffahrt. Von Lazarus Tucher aus Nürnberg wird berichtet, daß man in den 30er Jahren des 16. Jahrhunderts nur noch von ihm Gewürze in Antwerpen beziehen konnte, so sehr hatte er einzelne Zweige des Handels an sich gebracht. Nach v. Pölnitz war Lazarus Tucher eine Reihe von Jahren der maßgebliche Finanzmakler und -agent des Fugger-Hauses in Antwerpen.

Die Preispolitik läßt sich historisch nicht eindeutig beschreiben, weil es keine zuverlässigen Vergleichsmaßstäbe für die Kaufkraft gibt; man kann solche etwa in Getreidepreisen oder in Preisen anderer Grundstoffe finden, muß dann aber die Möglichkeit zur Beurteilung des Gebrauchs- und des Tauschwertes solcher Waren wie Getreide, Holz, Wolle und dergl. schaffen, sonst nützen derartige Preisvergleiche wenig. Die häufigen Münzverschlechterungen führten zu Lohnkämpfen und zu Unruhen innerhalb der Zünfte, die in der Mitte des 14. Jahrhunderts in Städten wie Straßburg, Lübeck, Nürnberg und anderswo einen Anteil am Stadtregiment forderten und tatsächlich, wenn auch nur vorübergehend erreichen konnten. In der Heiligenlegende von Heinrich und Kunigunde, dargestellt am Sarkophag der beiden Heiligen im Bamberger Dom von der Hand von Tilman Riemenschneider wird gezeigt, daß die Bauleute während des Dombaues mit ihrer Löhnung unzufrieden waren, so daß die Hl. Kunigunde selbst die Entlohnung übernahm. Jeder der Bauleute durfte in die Schale greifen und so viel herausnehmen, wie er fassen konnte. Wenn er dann die Münzen nachzählte, die er mit seiner Hand gegriffen hatte, war es genau der seiner Leistung entsprechende Lohn. Ein früheres Beispiel gleichen Inhaltes finden wir bereits im Neuen Testament. In beiden Fällen dürfte es sich um das Ideal des Leistungslohnes gehandelt haben, das in Wirklichkeit nie ganz erreicht werden kann, um dessen Lösung seit Anfang des 20. Jahrhunderts zahlreiche Systeme des Akkord-, Prämienlohnes im privatwirtschaftlichen Sinn, aber auch solche mehr vom volkswirtschaftlich-währungspolitischen Gesichtspunkt bestimmte Systeme wie Eisernes Sparen, Prämiensparen, Zwecksparen, Investivlohn entwickelt worden sind.

# IV. Lagerhaltung — Transport — Fertigung

## 1. Lagerhaltung

Die Lagerung ist im Fernhandel eine lebenswichtige Funktion, die Vorrätigkeit der Auftakt zur Schatzbildung, die Voraussetzung zum Kapitalismus und im Handel die Voraussetzung zum Großunternehmen. Wir haben, soweit der Weltkrieg die historischen Stätten nicht vernichtet hat, in alten Handelsplätzen Deutschlands, auch Englands und anderer Länder noch historische Stätten, die uns eine Vorstellung von dem Umfang der Lagerhaltung und auch von dem Umfang der bewegten Lasten geben. Solche Einrichtungen sind der berühmte Kran der alten Bischofsstadt Würzburg am Main, der nicht minder berühmte Kran in Lüneburg, einem der großen Umschlagplätze für Salz, andere Beispiele sind die Warenschuppen und Lagerhäuser in Lübeck und Hamburg, in King's Lynn an der Mündung des Ouse. Von den Holländern berichtet A. Anderson in seiner „Geschichte des Handels" (s. o.), sie hätten im 16. Jahrhundert ständig 500 000 Sack Getreide gelagert, obwohl sie selbst keines erzeugten. Ihr Getreidehandel überbrückte Ernteausfälle und Hungersnöte und entschied kriegerische Auseinandersetzungen womöglich zugunsten des kaufkräftigen Gegners, der Bevölkerung und Truppen aus holländischen Beständen ernähren konnte. Lujo Brentano[45] glaubt, daß der englische Sieg über die Franzosen bei Azincourt gegen Ende des Hundertjährigen Krieges (1425) auf der Überlegenheit der Armbrustschützen beruhte, deren Bogen aus kaukasischem Holz geschnitzt waren. Dieses ist von den Hanseaten aus Rußland und Polen nach England herangebracht worden. Man kann an Goethes Ausspruch im Faust II erinnert werden, wo es heißt „Krieg, Handel und Piraterie, dreieinig sind sie, nicht zu trennen."

Der Fernhandel unterschied sich an seinem Sitz durch die Zunftorganisation vom ortsgebundenen Einzelhandel. Jener, nicht dieser, war der eigentliche Vorrathalter. Die Krämer, wie man die Einzelhändler nannte, gehörten einer anderen Zunft an als die Fernhändler und Großkaufleute, falls solche überhaupt zunftmäßig organisiert waren. Die

---

[45] v. Brentano, Lujo: Eine Geschichte der wirtschaftlichen Entwicklung Englands, 1. Bd.: Von den Anfängen bis gegen Ende des 15. Jahrhunderts, Jena, 1927.

Grenze zwischen dem Krämer, der am Markt seine Ware feilhielt, dem zunftgebundenen Handwerker, der unter Aufsicht der Marktbehörde an vorgeschriebener Stelle sein Handwerk vor den Augen des Publikums auszuüben hatte, und dem Fernhändler war unübersteigbar. Es gab hier keinen Übergang. Die Einlagerung von verderblichen Lebensmitteln wie Butter, Eier oder Käse erfolgte für ansehnliche Zeiträume in Felsenkellern, in natürlich gewonnenen kühlen Lagerräumen, in denen womöglich Natureis aufbewahrt wurde, das man im Winter an Bächen, Teichen und Seen gewonnen hatte. Es war ein Nebenerwerb, in der Winterszeit Natureis zu brechen und in die Naturkeller, in Felsenkeller, zu bringen, wie dies in manchen Gegenden in kleineren Dörfern heute noch bei Brauereien der Fall ist. Es nimmt daher nicht wunder, daß trotz mangelnder Kühltechnik Lebensmittel wie Butter, Hering, auch Eier und Käse weite Strecken zwischen dem Ursprungsland und dem Verbrauchsgebiet zurücklegten, Butter und Käse spielten im nordeuropäischen Ost-West-Verkehr eine große Rolle. An den Küstenorten und Hafenstädten fanden sich die geräumigsten Warenschuppen und Lagerhäuser, verständlich aus dem Warenumschlag ein- und ausgehender Handelsschiffe. Solche Handelsschiffe hatten zwar nur einen geringen Laderaum, aber sie faßten doch ein Hundertfaches eines Pferdefuhrwerks, und wenn einlaufende Handelsschiffe bei gutem Wind und Wetter ihre Ladung abzugeben hatten, mußte für die Unterbringung von Waren, für den Schutz gegen Witterung, Diebstahl und andere Einflüsse Sorge getragen werden. Wir kennen heute noch in alten Hafenstädten und Handelsplätzen wie Antwerpen, Amsterdam, Bremen, Hamburg, Lübeck, London die Einrichtungen der Lagerhaltung, die Vorrichtungen zum Transport, die Krananlagen, die öffentlichen Waagen, die Grachten, auf denen die Kähne ihre Last weit ins Stadtinnere hinein beförderten[46].

Die Messestädte waren zu einem nicht geringen Teil zugleich Stapelplätze für Holz, Leinen, Tuche und Lebensmittel, Holz aus Polen und Rußland, Leinen aus den Ostgebieten, Tuche aus Flandern, später auch aus England, Wachs, Honig, Sirup und vieles andere. Durch die Lagerhaltung an verschiedenen Orten innerhalb des gleichen Handelsunternehmens war eine gewisse Warendisposition möglich, wenn die Kaufleute an den Messen ihre Aufträge entgegennahmen und durch nahe

---

[46] Kellenbenz, Hermann: Unternehmerkräfte im Hamburger Portugal- und Spanienhandel 1590—1625. Veröffentlichungen der Wirtschaftsgeschichtlichen Forschungsstelle e. V., hrsg. im Auftrage des Vorstandes von E. Hieke, Bd. 10, Hamburg 1954; ders.:Sephardim an der unteren Elbe. Ihre wirtschaftliche und politische Bedeutung vom Ende des 16. bis zum Beginn des 18. Jahrhunderts, Wiesbaden 1958; Rörig, Fritz: Wirtschaftskräfte im Mittelalter. Abhandlungen zur Stadt- und Hansegeschichte, hrsg. v. P. Kaegbein, Graz 1959; Benedikt, Heinrich: Vom Inselstaat zum Weltreich. Geschichte Englands 1485—1815, Innsbruck-Wien 1950.

gelegene Lagerhäuser, sei es ihres Sitzes oder einer Außenstelle, einer sog. Faktorei, ausführen ließen.

Die Seefahrt war durch Kriege, Piraterei im 15. und 16. Jahrhundert unsicher geworden, sogar unsicherer als der Landweg, obwohl sie auch bei geringer Ladefähigkeit der kleinen Handelsschiffe noch immer wesentlich billiger gewesen wäre. Es ist bekannt, daß die Hansestadt Hamburg im 14. und 15. Jahrhundert im Mittelmeer mit Wissen und Duldung anderer Mächte die Seepolizei ausübte. Die lübische Handelskogge wurde im 15. Jahrhundert vom holländischen Schiffstyp an Laderaum weit übertroffen. Die Holländer drangen mit ihrer Fahrt durch den Sund, ehe noch die Engländer an eine eigene Handelsflotte denken konnten. In der heute noch beliebten Oper „Zar und Zimmermann" von Albert Lortzing wird das bunte Leben und Treiben auf einer holländischen Schiffswerft anschaulich geschildert. In dieser Hinsicht wie auch in der Wollmanufaktur hatten die Engländer von den Holländern und Flamen anfangs noch viel zu lernen, solange sie ihre eigene Wolle als Rohmaterial außer Landes brachten und selbst keine Fachkräfte zur Verarbeitung hatten. Sie holten die Flamen ins Land, lernten von ihnen die Kunst des Spinnens und Webens und der Herstellung feiner Tuche, um sie dann nach Jahrzehnten unter wenig erfreulichen Begleiterscheinungen zu vertreiben[47].

## 2. Transport

Wie eng Lagerung und Transport zusammenhängen, wurde schon an Hand des Beispiels der größeren Küstenstädte und Hafenplätze gezeigt. Die Küstenschiffahrt war weitaus die wichtigste Verbindung ferner Länder und nicht minder weit entfernter Plätze, soweit sie überhaupt auf dem Wasserweg erreichbar waren. Was daran getan wurde, um ein weites und tiefes Hinterland an das Meer anzuschließen und den Transport auf dem Wasserweg möglichst ins Innere des Landes hineinzuführen, zeigt uns das Beispiel der holländischen Kanäle, eines weitverzweigten Netzes von Binnenwasserstraßen aller Klassen und Größen. Nicht minder bedeutsam war noch bis zur Erfindung der Eisenbahn, ja sogar noch in die ersten Jahrzehnte des Eisenbahnwesens hinein das Kanalwesen in England, Frankreich, aber auch in den Vereinigten Staaten, ein Kapitel, dessen sich die Verkehrswissenschaft jederzeit liebevoll angenommen hat, das aber in der Betriebswirtschaftslehre zu den vernachlässigten Gebieten historischer Forschung rechnet. Der älteste Landtransport in der Handelsgeschichte benützt die Karawanenstraßen, über die uns die Wirtschaftsgeographie und Wirtschafts-

---

[47] v. Brentano, Lujo: a.a.O.

geschichte eingehend unterrichten. Die Alpenpässe sind von gleicher politischer wie militärischer Bedeutung seit den Kelten, Germanen und Römern. Zahlreiche Siedlungen an den Alpenpässen und Alpenstraßen werden auf römische und keltische Siedlungen zurückgeführt.

Die Seewege dienen dem Handelsverkehr bis nach Indien und China, seitdem die Portugiesen Ende des 15. Jahrhunderts den Weg um das Kap der Guten Hoffnung gefunden und von da an eifrig befahren hatten[48]. Das Mittelmeer ist das Kernstück aller Seeverbindungen. Die Waräger, Vorfahren der Wikinger und Schweden, bauen Schleusen auf den nord-südlich fließenden Strömen Rußlands und befördern ihre Fracht auf Rollen, Flößen, kleinen Booten, sie bauen Rollstraßen, um damit Stromschnellen zu umgehen und ihre Handelswege von Schweden zum Mittelmeer, Schwarzen Meer und zum Kaspischen Meer fortzusetzen[49]. Pferd und Maulesel sind die treuen Helfer des Menschen im Abendland, Kamel und Esel außerdem im Morgenland. Man rechnet die beförderte Menge nach der Traglast eines Maulesels. Für die Hin- und Rückfahrt versucht man den Laderaum, sei es per Schiff oder per Wagen, möglichst auszunutzen und ist deshalb bemüht, geeignete Geschäfte abzuschließen, Rückfracht zu gewinnen und Partner dafür zu finden. Hamburg gewinnt immer mehr Bedeutung im Durchgangshandel, Lübeck erschließt im 13. Jahrhundert ein immer größeres Hinterland im Getreide- und Salzhandel, im Umschlag von Butter, Honig, Wachs und im Heringsgeschäft. In London gewinnt der Stalhof (von Stal = Raum = Stapel) der Hanseaten, auch das Gildehaus der Kölner Kaufleute seit dem 13. Jahrhundert immer größere Bedeutung, bis unter Elisabeth I. der Stalhof geschlossen und die Privilegien der Ausländer zahlreicher Nationen auf englischem Boden nicht mehr erneuert werden. Anderson, der hierüber ausführlich berichtet, zitiert die Antwort der Königin Elisabeth auf die bewegten Klagen und Vorstellungen der Hanseaten. Sie schreibt, sie wäre eine schlechte Landesmutter, wenn sie ihre eigenen Landeskinder schlechter behandeln würde und den Fremden die früher zu Unrecht überlassenen Vorrechte weiter überlassen würde wie bisher[50]. Jacob van Klaveren betont die Bedeutung der Rückfracht im Warenhandel. Er dürfte sie um einiges überschätzen[51]. Der Transport unterliegt den Ge-

---

[48] Mendes Pinto, Fernão: Peregrinaçam oder Die seltsamen Abenteuer des Fernão Mendes Pinto. Freie Bearb. und Übertr. seiner anno 1614 zu Lissabon hrsg. Memoiren von Walter G. Armando, Hamburg 1960.

[49] Vgl. Keller, Werner: a.a.O.

[50] Vgl. Anderson, A.: a.a.O.; v. Brentano, Lujo: Eine Geschichte der wirtschaftlichen Entwicklung Englands, 3 Bde., Jena 1927—1929.

[51] van Klaveren, Jacob: Europäische Wirtschaftsgeschichte Spaniens im 16. und 17. Jahrhundert, Stuttgart 1960; hierzu Linhardt, Hanns: Güterverkehr und Zahlungsverkehr im Fernhandel des Mittelalters und zu Beginn der Neu-

fahren nicht nur schlechter Wege, sondern auch den Gefahren des Überfalles von Strauchdieben, Buschkleppern, Raubrittern und Gesindel. Ritter wie Florian Geyer, Götz von Berlichingen fanden kein Bedenken, Kaufleute zu überfallen und sich an ihrer Ware für echte oder vermeintliche Ansprüche gegen die Stadt Nürnberg, die Bischöfe von Bamberg oder Würzburg schadlos zu halten. Aus den Städtechroniken sind uns solche Fälle überliefert, auch die Art ihrer Beilegung, meist außerhalb des Gerichtshofes durch gütliche Einigung oder Sühne.

Der Transport ist, wenn man diesen Gemeinplatz nicht vermeiden will, ein Schrittmacher des Handels so gut wie der Kredit. Beide sind Vehikel im übertragenen Sinn. Wo gute Transportverhältnisse herrschen, kann der Handel wachsen, können größere Lasten auf weiteren Strecken bewegt werden. Dies war nicht nur eine Frage des Straßenzustandes im Sommer und im Winter. Es war vielleicht sogar in erster Linie eine Frage der allgemeinen Sicherheit. Wie man sich diese Sicherheit zu verschaffen suchte, darüber berichten uns die Geleitbriefe, die Schutzbriefe, die strengen Marktordnungen und Sondervorschriften zu Markt- und Messezeiten. Das übergeordnete Bedürfnis nach Verkehrssicherheit fand in strengen Rechtsvorschriften und Strafbestimmungen seinen Ausdruck und Niederschlag. Die Kaufleute, die sich auf Geleitbrief und Geleitschutz nicht immer verlassen konnten, bedienten sich ihrer eigenen bewaffneten Truppen, sei es der Stadt oder ihrer bezahlten Söldner, zum unmittelbaren Schutz, oder die Begleittruppen wurden von Ort zu Ort mitgegeben und an den jeweiligen äußeren Orts- oder Rechtsgrenzen abgelöst.

## 3. Fertigung

Flandrisches Tuch, Mansfelder Kupfer, Nürnberger Eisen- und Stahlwaren, Hölzer aus Polen und Rußland, Wolle aus England und Schottland bilden neben dem Gewürz-, Salz- und Weinhandel das Rückgrat des abendländischen Warenverkehrs vom 13. bis zum 18. Jahrhundert. Handelsstädte blühen auf und versinken in Bedeutungslosigkeit, Flußarme tragen Hunderte und Tausende von Schiffen, die tagtäglich ein- und ausfahren. Albrecht Dürer benützt den Wasserweg auf seiner Reise von Nürnberg über Bamberg, Würzburg, Frankfurt nach Antwerpen. Diese Reise ist in seinen Tagebuchaufzeichnungen nachzulesen. Pisa wird von seinem größeren Rivalen Genua überflügelt, Genua kämpft hartnäckig gegen die Vormacht Palermos, Venedigs in Byzanz und in der Ägäis. Auf dem Campo Santo in Pisa ist an der Stirnwand die

---

zeit, Besprechungsaufsatz zu van Klaveren, in: ZfhF, N.F., 13. Jg., 1961, S. 203—206; Erwiderung hierzu von J. van Klaveren, in: ZfhF, N.F., 13. Jg., 1961, S. 462—463.

schwere handgeschmiedete Hafenkette für alle Zeiten als Zeichen der Versöhnung zwischen Genua und Pisa angebracht, anläßlich der nationalen Einigung Italiens im Jahre 1860. Solange hat Genua diese Kette, die einst den Hafen von Pisa nach außen abschloß, als Kriegsbeute und Faustpfand seiner Überlegenheit verwahrt.

Unbestritten ist die Vormachtstellung der berühmten flandrischen Städte Gent und Brügge, Ypern und Arras in der Wollmanufaktur, unerreicht die Handwerkskunst von Lucca, Pisa, Florenz in der Seiden-, Leinen-, Baumwollmanufaktur. Heute erinnern die Kirchenbauten des 6. bis 8. Jahrhunderts in Lucca, des 12. bis 14. Jahrhunderts in Pisa und Siena, des 15. und 16. Jahrhunderts in Florenz, nicht minder die prunkvollen Paläste der Medici, Pitti, Strozzi, die Kunstwerke der Plastik und Malerei an Reichtum und Wohlstand, der nicht allein im Handel, sondern vor allem durch den Gewerbefleiß der Weber, Spinner, Färber und Tuchmacher, der Gold- und Silberschmiede begründet wurde.

So wie die Fugger als Leineweber anfingen[52], waren die Medici, ehe sie den Höhepunkt ihrer Finanzgeschäfte und Bankunternehmungen erreichten, Seidenspinner und Seidenweber. Die Arbeitsteilung ist auf italienischem Boden fünf Jahrhunderte älter als in England, denn zu Zeiten von Adam Smith war England keineswegs führend in Manufakturwaren aus Textilfasern, Holz, Metall; solche Manufakturwaren wie Geräte, Waffen, Tuchwaren, Möbel wurden aus Italien und Frankreich eingeführt, Porzellan- und Tonwaren auch aus Holland. In England konnte niemand feine Ware im 17., gewisse Sachen nicht einmal im 18. Jahrhundert herstellen. Es geht hier nicht um die Frage, wann überhaupt die Arbeitsteilung angewandt wurde, es geht um die literaturhistorische Frage, wer das Phänomen der betrieblichen Arbeitsteilung erstmalig im Sinne der rationalen Durchdringung des Arbeitsprozesses in seiner Auswirkung begriffen und beschrieben hat. Die ersten Autoren finden wir unter den Florentiner Schriftstellern des 13. Jahrhunderts.

Bei dem Begräbnis von Ludwig dem Heiligen in Paris, der bei einem Kreuzzug im Jahre 1270 den Tod fand, folgten die Walker als eine der stärksten Pariser Zünfte. Erst einige Jahrzehnte später wurde diese Zunft durch Erfindung der Walkmühle an Zahl und Bedeutung gering. Die handwerkliche Fertigung war vielfach auf fließendes Wasser angewiesen, die Gerber, die Kürschner, die Färber, d. h. das sog. nasse Gewerbe, wie man es damals aus Gründen der Stoff- und Materialbearbeitung verstand. Die Wasserkraft war vor Erfindung der Dampfmaschine und des Elektromotors der wichtigste Helfer des Menschen, der

---

[52] v. Pölnitz, Götz: Die Anfänge der Weißenhorner Barchentweberei unter Jakob Fugger dem Reichen, in: Festschrift für Hans Liermann zum 70. Geburtstag, Erlanger Forschungen, Reihe A, Bd. 16, Erlangen 1964, S. 196—220.

## 3. Fertigung

ihm mechanische Energie lieferte. Wasserräder, Wassermühlen, Wasserhämmer sind Zeichen dieser Zeit, in der Handwerksbetriebe naturgemäß am fließenden Wasser ihren Standort suchen mußten. Daher stammt die seltsame Erscheinung, mit dem Ausdruck Mühle nicht nur die Getreidemühle, sondern die Nadelmühle, Nagelmühle, Drahtmühle, Baumwollmühle, Spinnereimühle zu belegen, wie wir sie in der deutsen und noch länger und nachhaltiger in der englischen Sprache antreffen, wo von der cotton mill, steel mill und anderen Wortverbindungen die Rede ist; sie weisen darauf hin, daß der Wasserantrieb durch das Schaufelrad, das Mühlrad, die wichtigste Energiequelle zur Ergänzung und Entlastung der Muskelkraft von Mensch und Tier vor Mitte des 18. Jahrhunderts war.

In Nürnberg waren Hunderte von metallbearbeitenden Betrieben, wie die Harnischfeger, die Helm- und Schwertfeger, die Sporer und wie sie alle geheißen haben mögen, aus dem gleichen Grund auf das dünne, schmale Wässerchen der Pegnitz angewiesen, das uns Heutigen nur Blicke des Mitleids und Gefühle des Bedauerns abnötigt. Von Nürnbergs Leistung vor Jahrhunderten, vergleichbar mit dem Ruhrgebiet des Deutschen Reiches, übertragen auf die Hunderte von Werkstätten innerhalb der Reichsstadt, weiß man heute nur noch wenig. In dem früheren, am östlichen Zufluß der Pegnitz gelegenen Stadtteil Wöhrd lagen diese Mühlräder, und sie klapperten fleißig und bewegten Hämmer, unter denen Bleche geklopft, Kupfer gehämmert, Messing geformt und andere Bearbeitungsvorgänge unter Zuhilfenahme der Wasserkraft ausgeführt wurden. Kein Zufall, daß die ersten Dampfmaschinen Anfang des 19. Jahrhunderts, damals unter dem wütenden Protest der benachbarten Bewohner der Stadt, an der Stelle aufgestellt wurden, wo sich zuvor die Wasserräder je nach dem Wasserstand munter oder müde drehten. Sucht man die Wiege der MAN, der Maschinenfabrik Augsburg-Nürnberg, so findet man sie in Wöhrd an der rechten Seite der Pegnitz, da, wo dieses kleine Flüßchen das Stadtgebiet betritt. Dort hat ein gewisser Klett die erste Dampfmaschine unter dem Protest der Nachbarn aufgestellt, von dort hat er auf einem Anschlußgleis mitten durch die Stadt, mitten durch die Fußgänger und weidenden Schafe der Wöhrder Wiese den Verbindungsweg zum Bahnhof hergestellt, wie es noch einige alte Nürnberger aus eigener Anschauung um die Zeit vor 60 Jahren kennen.

Noch im 17. und 18. Jahrhundert war die handwerkliche Kunstfertigkeit Europas sehr ungleich entwickelt. Die Möbeltischler, die Schreiner, die Polsterer waren noch im 15. Jahrhundert in Frankreich vorwiegend Italiener. Maria Medici ließ ihre Landsleute aus der italienischen Heimat kommen, wenn sie Schloßeinrichtungen, Stühle, Tische, Malereien und Stuckarbeiten nach ihrem Geschmack wünschte. Der wachsende Nationalismus und die steigende Abneigung gegen die Fremden unter Franz I., ja auch vorher bereits unter Heinrich IV. und Philipp dem Schönen schränkten das Betätigungsfeld italienischer Handwerker und Künstler in Frankreich immer mehr ein. Es kam zu Feindseligkeiten und nach und nach zur Abwanderung italienischer Fachleute. Von da an war es noch ein weiter Weg, bis französische Seiden- und Gobelinweber, Gold- und Silberschmiede, Möbeltischler an Palästen und Kirchen arbeiten konnten, bis die verfeinerte französische Bau- und Handwerkskunst des 17. und 18. Jahrhunderts ihresgleichen suchte, angeregt durch die Aufträge des Sonnenkönigs, durch die Ausstattung von Versailles und anderer Schlösser in Paris und in seiner Umgebung. Erst spät ist England und Deutschland durch Nachahmung französischer Kultur, französischer Kunst und französischer Handwerksfertigkeiten mit Frankreich in den vergleichbaren europäischen Rang eingetreten.

Welchen Einfluß die Manufaktur, später die industrielle Fertigung auf Inneneinrichtung und Wohnkultur ausübten, beweist allein das überzeugende Beispiel der Porzellanmanufakturen von Paris, Berlin, Wien, Dresden, Meissen, Nymphenburg und anderen Fürstensitzen. In jedem Fall sind dort Methoden der Fertigung, Formen eines verfeinerten Geschmacks entwickelt worden, die erst Jahrzehnte später in die bürgerliche Welt Eingang gefunden haben. Gleiches gilt für Kleidung, Kunst, Tanz, Orchester, Ballett, Musik und alles, was an den schönen Dingen dazu gehört, wie Spitzen, Seide, Gobelins, eingelegte Hölzer, wertvolle Spieltische, Lüster, Damenschreibtische, kostbare Gemälde. Im South Kensington Museum in London stehen in der Abteilung für schmiedeeiserne Kunstwerke die Nürnberger und Augsburger Arbeiten des 15. und 16. Jahrhunderts an erster Stelle. Die Bein- und Elfenbeinschnitzereien, Emaillearbeiten, Bronzegußarbeiten, die wir heute vornehmlich in Museen noch finden, zierten früher so gut wie Zinn, Ton- und Porzellanware den bürgerlichen Haushalt, die gute Stube und eine gut eingerichtete Küche.

## V. Risiko — Versicherung — Verzinsung

### 1. Risiko

Das Bestreben, Risiko zu vermeiden oder es zu verteilen und zu beschränken, hat bereits in der Antike zu Vertrags- und Gesellschaftsformen geführt, aus denen die älteste Art der Versicherung, die Seeversicherung, und die älteste Art der Gesellschaft, die Seehandelsgesellschaft, hervorgegangen sind. Das Seedarlehen bzw. die Gewinnbeteiligung an der Seefahrt sind älteste Formen der Risikobeschränkung bei wachsenden Unternehmungsaufgaben und steigenden Kapitalanforderungen. Allein schon ein Schiff für den friedlichen Handelsverkehr zu bauen, ist, selbst bei der einfachsten Art wie die Griechen, die Phönizier und andere Mittelmeervölker in der Antike sie kannten, eine relativ umständliche und komplizierte und doch schon kostspielige Verrichtung, selbst bei vorwiegender Sklavenarbeit, denn das Holz mußte nicht nur geschlagen und transportiert, es mußte auch zugerichtet, gefugt und abgedichtet werden. Hingegen eine Kriegsflotte auszurüsten, wie sie die Athener den Persern entgegenstellten, erforderte die Kraftanstrengung eines Staates bis zum letzten Einsatz aller Menschen und Mittel. So hat die Seefahrt in erster Linie Formen der Kapitalassoziation entwickelt und zugleich neuartige erstmalige Formen der Personenvereinigung zustande gebracht.

Die moderne Aktiengesellschaft unter ihrer Bezeichnung als società, société in den romanischen Sprachen, als company und corporation in den angelsächsischen Sprachen ist die heutige Vollendung der Kapitalassoziation. Früher wie heute ist es der gleiche Gedanke, der hierin seinen Ausdruck findet: die Vereinigung von Personen und die gemeinsame Kapitalaufbringung, sei es für einen einmaligen Zweck wie eine einzelne Seefahrt oder ähnliche kaufmännische Unternehmung (im engeren Sinn) oder zum dauernden Betrieb von Handelsgeschäften einschließlich Transport im Rahmen einer ständigen Unternehmung (im weiteren Sinn). Die antike Wirtschaft war in der Hauptsache Sklavenwirtschaft, sicher da, wo sie Überschüsse und Erträge zur Verwertung im Wege des Tausches abwerfen mußte. Der Sklave war im guten Sinn gehalten wie das Haustier, nämlich wie ein Gegenstand, der etwas kostet, dessen Pflege deshalb im wohlverstandenen und ureigennützigen Interesse des Besitzers liegt, ein Gegenstand, der unter Umständen ohne Verlust, vielleicht mit Gewinn weiterveräußert werden soll. Wir wissen aus den Berichten über den zweiten amerikanischen Präsidenten Thomas Jefferson, daß er bei längerer Abwesenheit von seinem Landgut den ersten Weg nicht zur Familie, zu Frau und Kindern, nahm, sondern zu seinen Sklaven um sich dort von ihrem Gesundheitszustand zu überzeugen. Das war die gleiche Einstellung wie sie bei der berittenen Truppe nach dem bekannten Grundsatz galt: Erst das Pferd und dann der Mann. Das Pferd erfordert jede Pflege des Reiters, weil er von ihm abhängt, sei es der Soldat im Krieg, sei es der Meldereiter im Frieden, sei es das Ackerpferd des Landmanns. So ähnlich wurde der Sklave, der Halbfreie zwar in seine Arbeit eingewiesen, aber doch pfleglich behandelt, damit der darin investierte Kapitalwert nicht zu Schaden kam. Über die antike Sklavenhaltung gibt es Überlegungen und Berechnungen, die Geburt und Tod, Aufzucht und Zukauf, so auch Verkauf und Tötung gänzlich zum Kalkül werden lassen.

Das Seedarlehen und die Seehandlung sind Forschungsobjekte der Rechtshistoriker, Wirtschafts-, Sozial- und Kulturhistoriker, sei es in allgemeinen Darstellungen bestimmter Kulturkreise und Epochen wie in der Geschichte Griechenlands und Roms, sei es in speziellen Darstellungen engerer Bezirke wie Athen, Alexandrien, Byzanz oder in historischen Abhandlungen zur Geschichte der Handelsgesellschaften, des Versicherungswesens, der Kreditwirtschaft. Die älteste deutsche Literatur enthält wertvolle historische Erkenntnisse über das Risiko in den Werken von Niebuhr, Mommsen, Böckh, die neuere Literatur vermittelt Erkenntnisfortschritte in eingestreuten Bemerkungen[54]. Neuere Veröffentlichungen der Wirtschafts- und Sozialgeschichte betreffen das Münzwesen der Hethiter, die Rechtsordnung der Ägypter, die Tempelwirtschaft der Sumerer, die Handelspolitik von Byzanz, die Verkehrs- und Wirtschaftserschließung Rußlands, die Wirtschaftsformen, Rechen- und Zahlungstechnik der arabischen Welt[55]. Das Mittelalter, seine frühen Gesellschafts- und Vertragsformen, die Handelsbräuche, die Beteiligungs- und Darlehensformen werden erörtert von A. Dopsch, H. Kellenbenz, J. van Klaveren, R. Kötzschke, K. Pagel, G. v. Pölnitz, F. Rörig, A. Schulte u. a., daneben sind in den jüngsten Jahren zahlreiche Monographien erschienen, wie diejenigen über Ludwig XIV von Aubry, über

---

[54] Vgl. Meyer, Eduard: Geschichte des Altertums, 5 Bde., Stuttgart, 1. Aufl. seit 1884, letzte Auflage seit 1953; v. Brentano, Lujo: Eine Geschichte der wirtschaftlichen Entwicklung Englands, 3 Bde., Jena 1927—1929; Rostovtzeff, M.: a.a.O.; Grimal, Pierre: Römische Kulturgeschichte, aus dem Franz. übers. v. M. Petzet (Titel der Originalausgabe: La Civilisation Romaine, Paris 1960) hrsg. v. W. Andreas, München-Zürich 1961; Lübtow, Ulrich, v.: Das römische Volk. Sein Staat und sein Recht, Frankfurt a. M. 1955; Gelzer, Matthias: Caesar, der Politiker und Staatsmann, 1. Aufl. 1921, 5. Aufl. München 1949; ders.: Pompeius, München 1949.

[55] Vgl. Kiefer, Otto: a.a.O.; Hunke, Sigrid: a.a.O.; Paret, Rudi: a.a.O.

Ferdinand und Isabella von J. H. Mariejol, über Wilhelm von Oranien von C. V. Wedgwood und andere über Colbert, Karl V., Philipp II., William Pitt usw.[56]. Der hier literarisch skizzierte Zusammenhang zwischen der allgemeinen Wirtschafts-, Sozial- und Kulturgeschichte einerseits und der Funktion des Risikos andererseits liegt in der Ausweitung des Rechts und der Sicherheit im wirtschaftlichen Verkehr durch die Sicherung der Landesgrenzen, durch die Sicherung von Eigentum, Leben und Verträgen innerhalb des Bereiches eines vom Recht geordneten und vom Staat geschützten Gemeinwesens. Es liegt nahe, in den großen Leistungen solcher historischen Persönlichkeiten, wie sie hier als Beispiel genannt werden, unmittelbare Auswirkungen auf den Wirtschaftsraum, den Rechtsschutz und das dadurch begrenzte und reduzierte Risiko zu erkennen.

Nach heutiger Auffassung ist das Risiko ein Bestandteil unternehmerischer Leistung und die Risikoabgeltung ein Bestandteil des unternehmerischen Gewinnes. Insofern interessiert aus den Anfängen der Risikobeschränkung und Risikoverteilung die Frage, wie weit eine Art Selbstversicherung unter Einkalkulierung des entsprechenden Risikosatzes überhaupt nachzuweisen ist. Die Frage mag schwierig gestellt und noch schwieriger zu beantworten sein. Immerhin finden sich in Quellen wie den Tiroler Raitbüchern nach den Ermittlungen von Franz Bastian[57] Ansätze einer Transportversicherung aus dem 13. Jahrhundert. Die ersten Anfänge einer genossenschaftlichen und nachbarlichen Selbsthilfe der Bruderschaften enthalten seit dem 14. Jahrhundert Anfänge und Vorläufer der Lebens- und Feuerversicherung, im Falle der Lebensversicherung in Gestalt der Vorsorge für ein christliches Begräbnis, auch schon für die Witwenversorgung, im Falle der Feuerversicherung durch Naturalersatz aus Materiallieferung und Arbeitsleistung wie in Holstein und der Marsch, wo Moor, Holzbau, Stroh- und Schilfbedachung bei Blitzschlag und Feuersbrunst solche Hilfen nötig machten[58].

---

[56] Vgl. hierzu Conrad, Hermann: Deutsche Rechtsgeschichte, Bd. 1: Frühzeit und Mittelalter. Ein Lehrbuch, Karlsruhe 1954; Mauersberg, Hans: Wirtschafts- und Sozialgeschichte zentraleuropäischer Städte in neuerer Zeit. Dargestellt an den Beispielen von Basel, Frankfurt a. M., Hamburg, Hannover und München, Göttingen 1960; Bastian, Franz: a.a.O.; Müller, Karl Otto: Welthandelsbräuche (1480—1540), Reihe: Deutsche Handelsakten des Mittelalters und der Neuzeit, hrsg. v. d. Historischen Kommission bei der Bayerischen Akademie der Wissenschaften, Band V, Stuttgart - Berlin 1934; Lipson, E.: The Economic History of England, 3 Bde., 7. Aufl., London 1961.

[57] Bastian, Franz: Oberdeutsche Kaufleute in den älteren Tiroler Raitbüchern (1288—1370), Schriftenreihe zur bayerischen Landesgeschichte, hrsg. v. der Kommission für bayerische Landesgeschichte, Bd. 10, München 1931.

[58] Helmer, Georg: Entstehung und Entwicklung der öffentlich-rechtlichen Brandversicherungsanstalten in Deutschland. Beiträge zur Lehre von den Unternehmungen, Heft 16, Jena 1936.

Die mittelalterliche Lehre der Scholastik verbot zwar den Zins, erlaubte aber die Abgeltung von Sonderleistungen und auch die Entschädigung für Risiken bei solchen Geschäften, in denen heute überall der Zins als Entgelt zugrunde gelegt wird, wie beim Darlehen, beim Kontokorrent-, Wechsel- und Akzeptkredit. So war es unbedenklich, Fernwechsel und Fremdwechsel zu diskontieren, weil hier im Diskont nach der Lehre der Scholastik eine Abgeltung von Risiken, etwa solchen des Transports, der Valutaschwankung, der Rechtseinwirkung durch Arrest, Zoll, Beschlagnahme, des Zeitverlustes enthalten war. Hingegen war es bedenklich, bei Ortswechseln einen Diskont zu berechnen, weil hier derartige Risiken entfielen. Ähnliche Auslegungen traten im Darlehensgeschäft, beim Rentenkauf, bei Stadtanleihen auf. Bedeutsam für die Interpretation des kirchlichen Zinsverbotes sind die Abhandlungen des Hl. Bernhard von Siena und des Hl. Antonin von Florenz im 14. Jahrhundert.

Der englische Autor Carle C. Zimmermann führt in seinem Beitrag über den Ursprung der Intelligenz[59] aus, daß bereits bei Thomas von Aquin eine andere Wertschätzung des ehrbaren Kaufmannes vorlag als in der Zeit vor seiner Lehre. Thomas rechtfertigt danach bereits den ehrlichen Gewinn aus kaufmännischen Geschäften.

## 2. Versicherung

Man kann weder im Altertum noch im Mittelalter von einer eigentlichen Versicherung sprechen, wohl aber, wie dies Josef Hellauer in einer Abhandlung tut[60], von Vorläufern, z. B. solchen der Seeversicherung im Altertum und Mittelalter. Daß diese Vorläufer der Seeversicherung in den oberitalienischen Städten zuerst im 13. Jahrhundert auftreten, hat wohl seine Gründe in der Intensivierung des Seehandels, nicht zuletzt im Gefolge der engeren Beziehungen zwischen Morgen- und Abendland seit den Kreuzzügen. Es hat aber auch gewiß mit der Ausbreitung des Islams an den Handelsplätzen Kleinasiens, Nordafrikas, Siziliens und in Unteritalien und Spanien ganz bestimmte Zusammenhänge. Nicht nur die kaufmännische Arithmetik, die Papierherstellung, die Schreibkunst, sondern auch die Entwicklung von Rechts- und Vertragsformen sind von den Arabern auf den mittelalterlichen Handel übergegangen, am intensivsten in der Zeit vom 11. zum 13. Jahrhundert seit etwa der Begrün-

---

[59] Zimmermann, Carle C.: The Rise of the Intelligentia. A Study of the New Social Leadership, in: Studium Sociale. Ergebnis sozialwissenschaftlicher Forschung der Gegenwart, Festschrift für K. V. Müller, hrsg. v. K. G. Specht, H. G. Rasch, H. Hofbauer, Köln und Opladen 1963, S. 267—282.

[60] Hellauer, Josef: Transportversicherung, Betriebswirtschaftliche Bibliothek, Reihe B, hrsg. v. W. Hasenack, Essen 1953.

## 2. Versicherung

dung des Normannenreiches in Sizilien bis zum Tod von Kaiser Friedrich II. (1250). Die Araber waren führend in der Schiffahrt und Navigation, sie stellten Kapitäne und Admiräle für Handels- und Kriegsflotten, sie belebten und sicherten die Seewege im Mittelmeer, Persischen Golf und im Indischen Ozean[61].

Weiter als bis zu den angedeuteten Vorläufern läßt sich allerdings eine historische Komponente der Versicherung nicht zurückverfolgen. Der Grund liegt darin, daß zum Beispiel für die Lebensversicherung, aber auch für die wiederkehrenden Regelmäßigkeiten der Sachversicherung die versicherungsmathematischen Grundlagen erst seit Anfang und Mitte des 18. Jahrhunderts ermittelt werden konnten. Ohne solche Grundlagen war das in der Versicherung übernommene Risiko nicht kalkulierbar und ohne diese Möglichkeit der Kalkulation gibt es keine Versicherung, wie auch immer die Vorläufer der Vorsorge und Fürsorge, die genossenschaftliche Nachbar- und Freundeshilfe aus christlicher Solidarität aufgefaßt und in dem einen oder anderen Aufbringungs-, Umlage- und Sparverfahren betrieben worden sein mögen. Die Gesetzmäßigkeiten der Lebenserwartung wurden aus den Kirchenbüchern, aus der Bevölkerungsstatistik, schließlich aus den mathematisch ermittelten Sterbetafeln gewonnen. Erst durch diese Grundlagen ist die moderne Lebensversicherung möglich geworden. Dazu waren die Leistungen der Mathematik, aber auch der Philosophie und Logik notwendig, die Leistungen der Aufklärung durch Männer wie René Descartes, Thomas Hobbes, Blaise Pascal, die Leistungen solcher Mathematiker, Philosophen und Naturwissenschaftler wie Edmond Halley, Gottfried Wilhelm Leibniz, Isaac Newton, Lambert Adolphe Jacques Quetelet und die Leistungen der ältesten deutschen Bevölkerungsstatistiker wie Gottfried Achenwall, August Ludwig v. Schlözer, Johann Peter Süßmilch.

Die heutige Versicherungswirtschaft reicht in ihrem älteren Zweig der Lebensversicherung nicht über die Mitte des 18. Jahrhunderts zurück, am ehesten noch in England und in den Vereinigten Staaten, wo heute noch bestehende größere Firmen ihren Ursprung, sei es durch Fusion oder unmittelbar ohne Firmenänderung, auf die Anfänge des 18. Jahrhunderts zurückführen. In Deutschland ist wiederum, verständlicherweise in Hannover dank der Personalunion zwischen Hannover und England, vor allem an solchen Städten wie Göttingen und Hannover die Mathematik, die Naturwissenschaft, die Empirie intensiver gepflegt worden als an anderen deutschen Universitäten; einer der ersten Begründer der ältesten deutschen Lebensversicherung namens Wilhelmi ist aus solchen Zusammenhängen zum Pionier des deutschen Versicherungswesens im Zweig der Lebensversicherung geworden. Für Deutsch-

---
[61] Vgl. Hunke, Sigrid: a.a.O.

land setzt der ernstere Anfang eines modernen Geschäftes der Lebensversicherung erst in der zweiten Hälfte des 19. Jahrhunderts ein, etwa zur gleichen Zeit, als die ersten größeren deutschen Aktienbanken gegründet werden. Die Entwicklung in Deutschland unterscheidet sich nicht wesentlich von der in anderen kontinentaleuropäischen Ländern. Voraussetzung war die Vereinheitlichung des Rechtes, des Aktienrechtes und die Übernahme der Aktienform als der adäquaten Unternehmungsform für das moderne Versicherungsgeschäft, adäquat im Hinblick auf die Risikobeschränkung des Kapitalgebers, im Hinblick auf die Garantie gegenüber dem Versicherungsnehmer in Form eines genügenden, für Großschäden ausreichenden Eigenkapitals, in Form der sogenannten Garantiekapitalien, wie sie eben nur eine Großaktiengesellschaft nach erfolgreichen Aufbaujahren über den Weg der Reservebildung und der Inanspruchnahme des Kapitalmarktes bei Emissionen aufzuweisen vermag[62].

## 3. Verzinsung

Die von Johann Plenge veranlaßte Dissertation von A. Schneider „Die Anfänge der Kulturwirtschaft. Die sumerische Tempelstadt" (veröffentlicht in: Staatswissenschaftliche Beiträge, Heft IV, Essen 1920) bringt Aufschlüsse über das babylonische Natural- und Gelddarlehen. Die Verzinsung betrug durch Jahrhunderte 30 bis 40 % pro Jahr. Die Sätze unterlagen über lange Perioden nur geringen Schwankungen. Sie erklären sich aus der Grundauffassung, vom Bodenertrag, den der Pächter und zugleich Schuldner erwirtschaftet hat, ein Drittel an den Darleiher abzuführen. Dies galt als angemessen, ausgehend von der Überlegung, daß dem Schuldner der größere Teil des Ertrages zustehen soll, da er ihn mit seiner Hände Arbeit erwirtschaftet hat, dem Gläubiger jedoch ein Drittel als angemessener Ertragsanteil gebühre, da ohne seine Kre-

---

[62] Manes, Alfred: Versicherungswesen, 1. Bd.: Allgemeine Versicherungslehre, 2. Bd.: Besondere Versicherungslehre, B. G. Teubners Handbücher für Handel und Gewerbe, 1. Aufl. 1905, 3. Aufl., Leipzig-Berlin 1922; Finke, Eberhart (Hrsg.): Handwörterbuch des Versicherungswesens, 2 Bde., Darmstadt 1958; Müller-Lutz, H.-L.: Grundbegriffe der Versicherungs-Betriebslehre, 1. Bd.: Leitfäden der Versicherung, 2. Aufl., Karlsruhe 1960; Mahr, Werner: Einführung in die Versicherungswirtschaft, Allgemeine Versicherungslehre, Berlin 1951; Farny, Dieter: Die Versicherungsmärkte, Schriftenreihe des Instituts für Versicherungswissenschaft an der Universität Köln, N. F., hrsg. v. P. Braeß, Heft 17, Berlin 1961; Hellauer, Josef: Transportversicherung, Betriebswirtschaftliche Bibliothek, hrsg. v. W. Hasenack, Reihe B, Essen 1953; Wilke, Hermann, Düker, Alfons, Elle, Konstantin: Versicherungslehre, hrsg. v. H.-L. Müller-Lutz u. a., 1. Aufl. 1951, 6. Aufl., Bad Homburg-Berlin-Bonn-Zürich 1960.

dithilfe, die in der Regel die Überlassung des Saatgutes betraf, Aussaat und Ernte nicht möglich gewesen wäre. Man wird in historischer Betrachtung annehmen dürfen, daß der Naturalzins dem Geldzins vorausgeht, wie allgemein der Naturaltausch dem Geldtausch, wahrscheinlich sogar mit größerer Berechtigung. So wird auch aus der Rückzahlung von ein Drittel des Saatgutes im Fall der Naturalleihe ein späterer Geldzinssatz von ca. 30 % hieraus seine Entstehung und spätere Rechtfertigung finden. Offen bleibt allerdings das Verhältnis von Zins (für Leihe) und Pacht (für Bodennutzung) und die Angemessenheit beider Größen gegenüber dem Bodenertrag im Fall des Pächters.

Das Verhältnis der Edelmetalle Gold und Silber ist in 5000 Jahren bei den asiatischen Völkern und im Mittelmeerraum mit erstaunlicher Konstanz mit 1 : 15 nachweisbar, vornehmlich in solchen Staaten und Epochen, in denen eine gesetzliche Bindung des Wertverhältnisses zwischen den beiden Edelmetallen bestanden hat. Dies dürfte überwiegend zutreffen. Die Goldproduktion des Orients und die Münzprägung in Byzanz sichern durch lange Jahrhunderte die Ausdehnung des Handels und die Geldversorgung einer rapide wachsenden Bevölkerung.

Im griechischen Seedarlehen, einem der ältesten und verbreitetsten der Antike, ist ein Zinssatz von 20 bis 30 % üblich. Er schließt eine Risikoprämie ein. Im gewöhnlichen Darlehensgeschäft gelten Zinssätze von 10 bis 15 % mit geringen Schwankungen über längere Perioden. Griechische Tempelbanken wie die von Delos leihen Gelder gegen Zins an Stadtbanken und Privatbanken, die ihrerseits das Kreditgeschäft in Verbindung mit der Annahme von Depositen pflegen[63].

Im Rom der Kaiserzeit sind die Kaiser nicht nur reiche Grundbesitzer und Domänenverpächter, ihnen gehörte üblicherweise Ägypten als persönlicher Besitz. Sie beteiligten sich an Unternehmungen, wie dies außerdem der höhere Adel und der Ritterstand zu tun pflegten und erzielten aus Darlehensgeschäften hohe Zinserträge. Die Schatzbildung während der Kaiserzeit und das Privatvermögen der Kaiser erreichen gewaltige Summen, wie dies für Julius Cäsar aus zuverlässigen Quellen nachgewiesen ist[64].

Während des frühen und hohen Mittelalters verschwinden die Spuren des antiken Kreditgeschäftes nicht völlig. Dieses aber leidet unter dem kulturellen und politischen Zerfall, seit der Zerstörung Roms unter den Unruhen der Völkerwanderung und findet erst wieder, von Oberitalien ausgehend, in den gesicherten Stadtrepubliken und den neu aufblühen-

---

[63] Vgl. Böckh, A.: a.a.O.; Rostovtzeff, M.: a.a.O.
[64] Vgl. Mommsen, Theodor: a.a.O.; Gibbon, Eduard: Der Untergang des Römischen Weltreiches, Berlin-Leipzig-Wien-Olten 1934; Grimal, Pierre: a.a.O.; Gelzer, M.: a.a.O.

den oberdeutschen Handelsplätzen eine Stätte[65]. Das Kreditgeschäft des späten Mittelalters ist nach zwei Seiten gebunden, einmal nach der kommerziellen und dann nach der politischen Seite. Ganz anders wie heute, wo der Kredit durch Errichtung privater Handels- oder Kommerzbanken eine eigene selbständige Grundlage gefunden hat, war die kommerzielle Kreditgewährung an den Warenumsatz geknüpft. Der Kreditgeber war überwiegend der Fernhändler, der Kreditnehmer sein Kunde im Warenabsatz. Diese enge Verbindung zwischen Warenhandel und Kreditgeschäft kennzeichnet noch das 17. und 18. Jahrhundert, soweit damals überhaupt von Banken im modernen Sinn die Rede sein konnte, und setzt sich noch bis ins 19. Jahrhundert fort. Am eindrucksvollsten ist eine solche Verbindung von Warenhandel und Bankgeschäft aus der Geschichte des Privatbankierstandes, insbesondere an den größeren Bankplätzen wie Frankfurt, Köln, Hamburg, Berlin, zu ersehen. Gleiches gilt für das Bankgeschäft in Europa und Übersee.

Die politische Verknüpfung zwischen Handelsgesellschaften und regierenden Fürsten, geistlichen und weltlichen Herrschaften, gewinnt vom 13. bis zum 16. Jahrhundert bei den italienischen und süddeutschen Geldgebern zunehmend Bedeutung. Sie führt zu den Finanzkatastrophen des Sieneser Bankhauses Buonsignori im 13. Jahrhundert und zu den Finanzkatastrophen der Bardi und Peruzzi Mitte des 14. Jahrhunderts in Florenz und zu den Finanzmiseren der Augsburger und Antwerpener Geldleiher durch den spanischen und den französischen Staatskonkurs des Jahres 1557.

Während die herrschende Fachliteratur seit Richard Ehrenberg[66] Augsburg als den ersten bedeutenden deutschen Geldmarkt seit dem 15. und 16. Jahrhundert würdigt, führen neuere, unveröffentlichte Forschungen von G. v. Pölnitz zu der Erkenntnis, daß Nürnberg ein mindestens ebenbürtiger Rang als Finanzplatz neben Augsburg nicht abzusprechen ist, zumindest in der Frühgeschichte des Fuggerhauses Ende des 15. und Anfang des 16. Jahrhunderts. In einem bisher ungedruckten Vortrag am 24. 1. 1964 im Universitätsbund Erlangen, Ortsgruppe Nürnberg, führte Prof. G. v. Pölnitz aus, daß in Nürnberg die ersten Fuggerhäuser an der Fleischbrücke und Bindergasse nachzuweisen sind, in Nürnberg die erste Grabstätte eines Fugger an der Nordseite der Sebalduskirche gegeben ist, von Nürnberg aus erstmalig das Symbol des Fuggerhauses, der Dreizack, dokumentarisch vorliegt und von Nürnberg

---

[65] Kuske, Bruno: Die Entstehung der Kreditwirtschaft und des Kapitalverkehrs, in: Die Kreditwirtschaft, 1. Teil, Kölner Vorträge, veranstaltet von der Wirtschafts- und Sozialwissenschaftlichen Fakultät der Universität Köln, WS 1926/27, Bd. 1, Leipzig 1927, S. 1—79.

[66] Ehrenberg, Richard: Das Zeitalter der Fugger. Geldkapital und Creditverkehr im 16. Jahrhundert, 2 Bde., 3. Aufl. Jena 1922 (1. Aufl. 1896).

## 3. Verzinsung

aus die ersten Ausstrahlungen des Fuggerschen Handels über Breslau nach Krakau und Warschau und weiter in den nord- und osteuropäischen Raum des Ostseegebietes sich erstrecken.

Die Reformation bedeutet keinen Bruch hinsichtlich der Rechtfertigung und der praktischen Anwendung des Zinses. Calvin hat den Zins nicht verworfen; durch seine Auslegung ist das Zinsnehmen eher gefördert worden. Luther nahm gegenüber den Monopolisten, Finanziererers, Kaufherren und Handelsgesellschaften eine äußerst grobe und ablehnende Haltung ein, zumal der Ingolstädter Dominikaner Prof. Johann Eck nicht nur im Ablaßstreit, sondern auch in der Frage des Zinsnehmens auf Seiten der Fugger stand. Um so heftiger war der von Luther gegen die „Fuggerei" vorgetragene Angriff, zu dessen Abwehr Anton Fugger wiederholt, freilich vergeblich, versuchte, Erasmus von Rotterdam auf seine Seite zu ziehen[67].

Der Zins war in den meisten europäischen Ländern durch Jahrhunderte behördlich begrenzt, anfangs unter der Auswirkung des kanonischen Zinsverbots, später nach Lockerung der politischen Macht der römischen Kirche, insbesondere durch Zurückdrängung der bischöflichen Gewalt in solchen größeren Handelsplätzen wie Basel, Straßburg, Köln (1288!) unter der Geltung behördlicher Wuchergesetze. Die Rolle eines Regulators der Investition und des Sparens — einer unter wirtschaftlichen Marktgesetzen stehenden, selbst schwankenden und dadurch anderswo ausgleichenden Größe — spielt der Zins erst frühestens Ende des 18. und anfangs des 19. Jahrhunderts. Dies hängt mit dem Auftreten und Erstarken des Privatbankierstandes, mit der Ausdehnung des Wechselgeschäftes und der zunehmenden Gepflogenheit der Wechseldiskontierung zusammen. In England ist die Epoche der behördlichen Zinskontrolle durch die Wuchergesetzgebung besonders eindrucksvoll von der folgenden Epoche einer freien Preisbildung im Geldmarkt, gleichbedeutend mit einer behördlich unkontrollierten Zinsentwicklung, getrennt. Wechselmärkte wie die in London, vorher bereits in Frankfurt und zuvor noch in Amsterdam bilden seit dem 17. Jahrhundert den Auftakt zur Entstehung der Kapitalmärkte, an denen später mit Errichtung der Effektenbörsen die Aktienfinanzierung im Dienst der aufstrebenden Industrie ihren Anfang nimmt und der Marktzins für kurz- und langfristiges Leihgeld zunehmend die Rolle spielt, die — vom Geldmarkt ausgehend — in der Vorstellung und Forderung einer von der Zentralbank ausgeübten „Herrschaft über den Geldmarkt" (J. Plenge, 1913) gipfelt, einer Vorstellung, die heute nicht mehr geteilt wird.

---

[67] v. Pölnitz, Götz: Anton Fugger, Bd. 1 und 2/I a.a.O.

## VI. Rechnung — Planung — Prüfung

### 1. Rechnung

Unter Rechnung versteht man jederzeit zweierlei: nicht nur die Operation mit Zahlen, aus der sich unter Verwendung gegebener Größen eine gesuchte Größe ergibt, sondern die Erwartung, das Eintreffen erhoffter, das Ausbleiben befürchteter Ereignisse. In diesem Sinn verstehen wir unter rechnen das, was man erhofft und erwartet, freilich unter kluger Überlegung und realistischer Einschätzung der Zukunft; im gleichen Sinn sagen wir, der Kaufmann rechnet mit einem guten Absatz, der Hotelier mit einer guten Saison, der Kurgast mit einem guten Wetter, der Händler mit auskömmlichen Umsätzen usw. Das eine gehört zum anderen, das Rechnen im Sinne des Eintretens erhoffter Ereignisse und das Rechnen im Sinne von Zahlenoperationen.

In unserer heutigen durchrationalisierten Wirtschaftswelt kommt es uns etwas sonderbar vor, daran erinnert zu werden, daß der Kaufmann im Mittelalter einer völlig anderen, überwiegend unbekannten, ja sogar feindlichen Umwelt gegenüberstand. Der Fernkaufmann hatte mit Dutzend fremden Ländern, fremden Sprachen, fremden Sitten und Gebräuchen zu tun, in einer Welt, in der er sich schwieriger zurechtfinden mußte als sein heutiger Berufskollege, dem alle Mittel der Kommunikation und der Information, Funk, Film, Fernsehen, Fernsprechen, Fernhören, zur Verfügung stehen. Der Kaufmann von einst hatte Tinte, Federkiel und Papier, und vor dem 14. Jahrhundert war es durchaus nicht allgemein üblich, sich dieser Geräte und Mittel eigenhändig zu bedienen.

Fritz Rörig berichtet[68], daß das Prinzip der Schriftlichkeit unter den norddeutschen hanseatischen Kaufleuten erst im 14. Jahrhundert sich durchzusetzen begann. Damals war es eine Neuheit, im Haus des Kaufmanns ein Kontor zu führen, die sog. scrive kamer, wie man sie im Niederdeutschen nannte. Von da ab allerdings pflegte der Kaufherr mehr im Büro als unterwegs zu sein. Dieses Büro oder Kontor wurde die Leitungszentrale seines Unternehmens, sobald das Prinzip der Schriftlichkeit, die Aufzeichnung der Vorgänge, die Festhaltung in der Buchhaltung

---

[68] Vgl. Rörig, Fritz: Wirtschaftskräfte im Mittelalter. Abhandlungen zur Stadt- und Hansegeschichte, hrsg. v. P. Kaegbein, Graz 1959.

sich durchgesetzt hatte. Zur gleichen Zeit entstand eine Art Idealkonkurrenz zwischen den schreibkundigen, auch im Latein unterrichteten, gebildeten Kaufleuten und den Schriftgelehrten des geistlichen Standes, der damals wie heute als der Stand der Klerikalen bezeichnet wurde. Von diesem lateinischen Namen leitet sich bis zum heutigen Tag das englische Wort clerk, gleichbedeutend mit Bürogehilfe, Büroangestellter, kaufmännischer Angestellter, ab. Es deutet zurück auf den Clericus, den einzigen Schriftkundigen jener Jahrhunderte, als selbst noch Bischöfe, wie uns die Historiker berichten, auch noch im 14. und 15. Jahrhundert, ihre Unterschrift durch drei Kreuzchen leisteten.

Es dürfte also vertretbar und ergiebig sein, die heutigen Begriffe der Kommunikation und der Information mit dem Grundvorgang der kaufmännischen Rechnung in engste Verbindung zu bringen — zeigen sie doch den äußersten Mangel an Material, womit Information und Kommunikation sich vor Jahrhunderten befassen konnten. Damals war die Welt des Kaufmanns noch wenig erschlossen, sie war weniger zugänglich, sie war feindlicher als heutzutage, wo wir von einer Weltwirtschaft, einer Weltliteratur, von Weltunternehmungen und weltweiten Plänen der Großunternehmung sprechen. Wir sind heute zu sehr gewohnt, die Stellung der Unternehmung zu ihrer Umwelt von einem Ausgangspunkt zu betrachten, der gekennzeichnet ist durch alle modernsten Mittel des Nachrichtendienstes von Post, Eisenbahn, Fernsprecher, Fernschreiber, Film, Funk und Fernsehen. Wie war es vor 600 und 800 Jahren? Der Kaufmann hatte wenig Stützpunkte außerhalb des Sitzes seiner Unternehmung. Im 15. und 16. Jahrhundert finden wir erstmalig die Faktoreien der größten deutschen Handelshäuser. Wir finden die Kontore der norddeutschen Hanse in London und früher in Brügge und hören, daß sie Ende des 16. Jahrhunderts aus Gründen nationalistischer Denkart wieder geschlossen werden mußten.

Der mittelalterliche Kaufmann war in erster Linie auf gute und zuverlässige Helfer aus dem Kreis seiner Familie, seiner nächsten Verwandten angewiesen, um Außenstellen zu besetzten, neue zu errichten und an den Faktoreien den Kontakt mit seiner Kundschaft zu pflegen. Mit der Ausdehnung einzelner Firmen wächst die Bedeutung des Nachrichtendienstes, des Botenverkehrs, sagen wir seit dem 15. und 16. Jahrhundert. Zugleich nimmt das Prinzip der Schriftlichkeit und der Umfang kaufmännischer Papiere, Urkunden und Geschäftsbücher zu. Freilich werden diese Geschäftsbücher nicht in jener Präzision geführt wie heute. Das Konto ist noch nicht durch die strenge Form der Unterscheidung von Eingang und Ausgang, die Gegenüberstellung von Soll und Haben gegliedert. Auch die Unterscheidung zwischen dem Sachkonto und dem Personenkonto ist nicht allgemein gebräuchlich und der Jahresabschluß ist weder behördlich vorgeschrieben noch unter Kaufleuten die Regel. Die Regel ist vielmehr, daß in Abständen von vier bis sechs Jahren ein Rechnungsabschluß, Bilanz und Inventur erstellt werden oder aus besonderen Anlässen wie dem Eintritt oder Austritt eines Gesellschafters, der Abfindung im Todesfall und aus ähnlichen Anlässen. Der Fernhandel wendet rationelle Methoden der Risikoverteilung, Haftbeschränkung, Preiskalkulation, Gewinn- und Kapitalbeteiligung an und vermag auf diese Weise das steigende Risiko zu tragen, wachsende Kapitalsummen aufzubringen und den Handelsgesellschaften eine sichere Grundlage zu geben. Wie aber wären solche Möglichkeiten zu verstehen und zu realisieren, wenn nicht die kaufmännische Rechnung darauf eingerichtet wäre; die laufende Aufzeichnung der Geschäfte wird durch den Kredit zwingend, die periodische Abrechnung mit Gesellschaftern und Einlegern wird üblich, sie ist einfach unerläßlich. Städte wie Nürnberg erlassen Rechtsvorschriften über die Abfassung von Gesellschaftsverträgen. Es kommt zu Abrechnungen und Gewinnausschüttungen in kürzeren Perioden und schließlich in der regelmäßigen Periode des Geschäfts- und Kalenderjahres. Die ältesten Aktiengesellschaften, die sog. Handelsgesellschaften des frühen 17. Jahrhunderts (Holland, Frankreich, England) sichern ihren Bestand nicht nur durch Vertretung der Staatsgewalt, militärische Sicherung und Ausübung von Hoheitsrechten in Übersee, sondern nach innen durch eine verbesserte Rechnungsführung mit einem dazugehörigen Nachrichtendienst. Venedig entwickelt im 15. Jahrhundert ein Informationssystem unter strengster Kontrolle durch den Rat. Dieses System steht ausschließlich im Dienst der Handelsrepublik. Leopold von Ranke berichtet darüber in seinen Sonderstudien über die Republik Venedig. Die Fugger greifen dieses Vorbild auf, sicherlich aus dem wirtschaftlichen Kontakt mit Venedig dazu angeregt. Sie besorgen seit Anfang des 16. Jahrhunderts ihre Nachrichten durch eigene Agenten und Berichterstatter[69]. Die Information des Kaufmanns ist auch dann noch spärlich. Die Erfindung der Buchdruckerkunst findet reichlich spät in seinem Dienst eine zweckentsprechende Anwendung; in erster Linie dient die Buchdruckerkunst der Verbreitung der Bibel, der Veröffentlichung von Denk- und Merkwürdigkeiten, von Reisebeschreibungen, illustriert durch Holzschnitt und Kupferstich. (Die Weltchronik des Nürnberger Arztes Hartmann Schedel erscheint 1494 bei Koberger in Nürnberg, illustriert mit 2000 Holzschnitten.)

Die älteste Reichspost der Fürsten Thurn und Taxis wird erst Anfang des 16. Jahrhunderts eingerichtet und sie behält noch immer den Grundzug älterer Posten, nämlich Höfe und Residenzen der Fürsten, den wech-

---

[69] Klarwill, Victor (Hrsg.): Fugger-Zeitungen. Ungedruckte Briefe an das Haus Fugger aus den Jahren 1568—1605, Wien-Leipzig-München 1923.

selnden Aufenthalt der Monarchen mit ihrem ständigen Regierungssitz zu verbinden. Nach Einführung regelmäßiger Postverbindungen zwischen den großen Handelsplätzen Europas lohnte sich auch die Gewinnung und Verbreitung gedruckter Nachrichten. Der Gebrauch von Informationsmitteln, wie es die heutige Tageszeitung darstellt, beginnt allerdings nicht vor dem 18. Jahrhundert, d. h. 300 Jahre nach Erfindung der Buchdruckerkunst, und dann erst in primitiven Anfängen in Gestalt von Handzetteln, Flugschriften, Pamphleten, Preisnotizen, in der Veröffentlichung von Münztabellen, Umrechnungskursen, Wechsel-, später auch Effektenkursen[70]. Alle diese Dinge unterlagen vorher der Geheimhaltung durch die einzelne Unternehmung, denn darin sah sie ihren Vorteil, nicht wie die heutige Unternehmung im beliebigen Gebrauch der jedermann beliebig zugänglichen Informationen aus Presse und Rundfunk.

In historischer Betrachtung ist das Rechnungswesen früher Jahrhunderte durch die äußere Umwelt und die von ihr geschaffenen Wirtschaftsvorgänge viel stärker geprägt, während das Rechnungswesen der Großunternehmung der Gegenwart durch Erfassung, Analyse und Auswertung interner Zahlengrößen gekennzeichnet ist. Dafür genügt der Hinweis auf die industrielle Rechnung, insbesondere die Material-, Lager-, Anlagen- sowie die Lohnbuchhaltung, der Hinweis auf den Kontenrahmen und die interne Betriebsabrechnung unter Erfassung der Kostenarten, ihrer Verteilung auf Kostenstellen und Kostenträger. All das sind neuartige, jüngste Entwicklungen des kaufmännischen Rechnungswesens. Es sind Elemente, von denen noch vor fünfzig Jahren selbst im Großunternehmen kaum die geringsten Spuren anzutreffen waren. Hingegen bemühte sich die Unternehmung früherer Jahrhunderte um die Überwindung der Ungewißheit in einer unbekannten, einer geradezu feindlichen, jedenfalls fremdartigen Umwelt (s. o.). Durch wie-

---

[70] Vgl. Salomon, Ludwig: Geschichte des Deutschen Zeitungswesens von den ersten Anfängen bis zur Wiederaufrichtung des Deutschen Reiches, 3 Bde., Oldenburg-Leipzig 1899—1906; Groth, Otto: Die Geschichte der deutschen Zeitungswissenschaft. Probleme und Methoden, München o. J.; Bücher, Karl: Gesammelte Aufsätze zur Zeitungskunde, Tübingen 1926; d'Ester, Karl: Die papierene Macht. Kleine Pressekunde, geschrieben von Zeitgenossen, Presse und Welt, Dokumente, Quellen und Forschungen aus dem Gebiet der gesamten öffentlichen Meinung, hrsg. v. K. d'Ester, Bd. 3, München 1950; ders.: Zeitungswesen, Breslau 1938; Haacke, Wilmont: Julius Rodenberg und die deutsche Rundschau. Eine Studie zur Publizistik des deutschen Liberalismus (1870 bis 1918), Beiträge zur Publizistik, Bd. 2, Heidelberg 1950; Bömer, Karl: Bibliographisches Handbuch der Zeitungswissenschaft. Kritische und systematische Einführung in den Stand der deutschen Zeitungsforschung, Leipzig 1929; Hagemann, Walter: Grundzüge der Publizistik, Münster 1947; Dovifat, Emil: Die Anfänge der Generalanzeigerpresse, in: Archiv für Buchgewerbe, Jg. 65, 1928, H. 4, S. 163—164; ders.: Generalanzeiger, in: Handbuch der Zeitungswissenschaft, hrsg. v. W. Heide, Bd. I, Leipzig 1940, Sp. 1217—1232.

viel Länder mußte der Lübecker Kaufmann reisen, wenn er auf dem Landweg bis Oberitalien kommen wollte, umgekehrt der italienische Kaufmann, der nach Lübeck, London, Nordfrankreich, Holland kam.

Die äußeren Umstände in der Ausgestaltung der Unternehmung, ihrer Innenstruktur, ihrer Außenbeziehungen, Rechtsform, Rechnungsführung, Dokumentation und Information rechtfertigen es wohl, auf eine Entwicklung hinzuweisen, die von der öffentlichen Verwaltung aus Anregungen an den Kaufmann heranbrachte, die zu einer Verbesserung der kaufmännischen Verwaltung — zweifellos unter Übernahme von Grundformen der öffentlichen Verwaltung — führte, wie dies aus solchen Begriffen wie Regierer, Finanzierer, aus der Übernahme von Vertragsformen und Rechenmethoden, der Kontoführung, der Personal-, der Finanz- und Haushaltsordnung zu entnehmen ist. Unbestritten ist der Vorrang der Kaufherren im Patriziat der deutschen Städte, unbestritten die Anlehnung, sogar die Übernahme italienischer und mittelbar römischer und griechischer Verwaltungsformen in den deutschen Reichsstädten, Hansestädten und territorialen Fürstentümern. Nicht nur knüpft die italienische Renaissance an römische Vorbilder an, bildet die Stadtrepublik einen nach innen und außen stark gefestigten, politischen Körper mit Kriegs- und Handelsflotte, Heer- und Wehrdienst an den Festungsanlagen, auch die italienische und oberdeutsche Handelsgesellschaft übernimmt Elemente der Verwaltungskunst aus dem öffentlichen Bereich.

Eindeutig und eindrucksvoll gilt dies für die oberitalienischen Städte wie Lucca, Pisa, Siena, noch stärker für Florenz und Genua, am stärksten jedoch für Mailand und Venedig. Auch wenn man den Gegensatz zwischen dem Otium des Kriegers und Gelehrten, des Dichters und Staatsmanns gegenüber dem Negotium des Händlers und Kaufmanns, wie es Ortega y Gasset erwähnt, nicht sehr nachdenklich aufnimmt, auch wenn man an die Säkularisierung religiöser Ideen oder an die Profanierung christlicher Denkinhalte gemahnt wird, so ist doch auch an einen anderen Ideenursprung zu erinnern, nämlich die Entstehung politischer Ideen, etwa solcher der Herrschaftsformen, der Stabilisierung von Herrschaftsformen durch Erbschaft, der Sicherung durch die Staatsverfassung, durch die Gewaltenteilung; schließlich sind politische Kräfte und religiöse Ideen mächtiger, auch heute noch, als Detailfragen des materiellen Lebens, der Versorgung mit lebensnotwendigen Gütern und dies nicht nur in Zeiten, in denen das Materielle überwiegt.

Soweit hier von einer Wechselwirkung die Rede sein kann, dürfte der Einfluß aus dem öffentlichen auf den privatwirtschaftlichen Bereich, der Einfluß des staatsmännischen Denkens auf das kaufmännische Denken größer gewesen sein als umgekehrt, auch dann, wenn man beispielsweise einem Rudolf von Habsburg, einem Maximilian I. ausgesprochen kaufmännische Fähigkeiten nachsagt, vielleicht um mit diesem Urteil ihre staatsmännischen Fähigkeiten etwas zu verkleinern.

Ob man nun die militärische oder die kirchliche Organisation mit ihrer Hierarchie, Rangordnung, Machtbegrenzung und Kompetenzregelung heranzieht und die größere Ursprünglichkeit militärischer Ausdrücke aus einer Geschichte von Jahrtausenden würdigt oder die innige Verschmelzung administrativer und kommerzieller Verwaltungsformen, wie in Byzanz, Bagdad oder Palermo, oder ob man auf den Ursprung kaufmännischer Begriffe aus öffentlichen Quellen verweist, so ergibt sich eine zwar wechselseitige, aber doch überwiegend vom öffentlichen zum privaten Bereich, vom offiziellen zum kommerziellen Standort fließende Formübernahme.

Wir finden die Ergebnisse dieses Fließens in der englischen Sprache, wo von der corporation, dem officer, dem president, vice-president, dem treasurer, secretary und dem clerk die Rede ist. Alle diese Ausdrücke verweisen auf historische Ursprünge im Mittelalter, die ihrerseits zurückgreifen auf griechische, römische und arabische Formen. Eine Unternehmung gibt sich ihr Statut, also eine Verfassung, wie es der Staat tut. Die Corporation hat ihre Exekutive in Gestalt des Direktoriums wie der Staat in Gestalt der Regierung. Sie hat ihre Ausschüsse und Berater wie der Staat im Ministerrat und in der Beamtenschaft. Die Unternehmung hat ihr Budget, wenn auch in anderer Anwendung und Zielsetzung wie der Staat seinen Haushalt. Die moderne Großunternehmung hat ihre Beamten- und Besoldungsordnung einschließlich der Beförderung und Altersversorgung, und sie hat innerhalb ihrer Organisation den sog. Dienststellenplan, wie der Staat es seit Jahrhunderten kennt in dem behördlichen Dienststellenplan, in der amtlichen öffentlichen Beamten- und Besoldungsordnung und Altersversorgung.

Die französische Zentralgewalt seit Ludwig IX. bis König Franz I. hat italienische Verwaltungsformen, ursprünglich auch italienische Verwaltungsfachleute übernommen. Im 14. Jahrhundert erscheinen überwiegend italienische Namen in der oft schnell wechselnden Reihe der französischen Finanzminister[71]. Auch Holland und England verdanken in ihrer Staatsverwaltung und später in der Fundierung ihrer Kommerzien Entscheidendes den aus Italien stammenden Einflüssen. Diese aber weisen auf antike Formen und Vorbilder zurück, wie die Signoria von Florenz, der Gran Concilio, der Concilio dei Dieci in Venedig, wie die Lebens- und Hausordnungen der Lucchesen und Sienesen, später der Lombarden vom 11. bis zum 15. Jahrhundert an auswärtigen Plätzen,

---

[71] Bresson, Jacques: Histoire Financière de la France, 2 Bde., Paris 1829.

insbesondere in Frankreich, Flandern und England, nicht zuletzt der Genuesen in Spanien, vor allem in Barcelona.

Die Spanier unter Karl V. und Philipp II., die Franzosen unter Heinrich IV., die Engländer unter Heinrich VIII. entwickeln die typischen Verwaltungsformen des modernen Staates mit einer zwar noch nicht vollkommenen, aber doch schon in etwa geordneten Finanzwirtschaft, wenigstens mit den Anfängen eines Systems der Besteuerung. Die öffentliche Verwaltung bietet dem Fernkaufmann Schutz und Förderung, sie ist die Voraussetzung für die Errichtung der großen Handelskompanien im 17. Jahrhundert, sie ist die Voraussetzung für die Einleitung großer Unternehmungen der Seefahrt, der Kolonisierung und des kolonialen Handels, denn bei aller Piraterei und ihrer engen Verbindung zum Handel und Überseeverkehr ist doch der Angehörige einer Nation auf den Schutz seines Landes angewiesen.

Gerade die Streitfälle zwischen Spaniern und Holländern, zwischen Engländern, Holländern und Spanien im 16. und 17. Jahrhundert erweisen dies aus dem Gegenteil. Die Rechtsformen, die Vertragsmuster, die in dieser Zeit im 16. und 17. Jahrhundert im öffentlichen Bereich entwickelt, vorbereitet und im Merkantilismus noch weiter gefördert werden, finden in der Welt des Kaufmanns Anwendung, Nachfolge und Übernahme. Die Staatsbürokratie seit der Zentralisierung der Staatsgewalt, die Gemeindebürokratie der großen Handelsstädte seit Ausdehnung des Fernhandels etwa Mitte des 13. Jahrhunderts, der Beginn der stehenden Heere und die Unterhaltung von Söldnertruppen seit dem 15. Jahrhundert erfordern eine straffe öffentliche Verwaltung, nicht minder eine geordnete öffentliche Finanzwirtschaft, um Heere zu unterhalten, Heerführer zu bezahlen und politische Erfolge durch Waffengewalt herbeizuführen, nicht minder um kommerzielle Positionen im weit verstreuten Bereich zu sichern.

Es kommt vor, daß Kriegskontributionen zweckentfremdet werden, wie dies unter Maria Medici im 16. Jahrhundert geschah, und daß deshalb entscheidende Schlachten nicht geschlagen werden. Man kann fragen, was solche Hinweise aus der Praxis der Staatsverwaltung, aus der Zentralisierung der Staatsgewalt mit der Rechnung in der kaufmännischen Unternehmung zu tun haben. Darauf ist zu antworten, daß in geschichtlicher Sicht das eine nicht ohne das andere existieren konnte. Die menschliche Ratio vollzieht und entwickelt sich zur gleichen Zeit in allen Lebensbereichen, den öffentlichen wie den privaten. Fand einst ein Niccolo Machiavelli im römischen Historiker Livius seinen Lehrmeister, so sollte er selbst der Lehrmeister seines Fürsten, eines Medici, werden. Hier vollzieht sich ein lebendiger Vorgang der Übernahme alter Formen in eine neue Zeit, hier zeigt sich die Geburt des modernen Staates, wie

Jacob Burckhardt ihn in der Republik Florenz zu sehen glaubt, und hier sind es Kaufleute aus einer Kaufmannsfamilie, die sich zu staatsmännischer Kunst von Rang und zum echten Mäzenatentum empor entwickelt haben. Man mag heute geringschätzig vom Buchhalter, vom Zahlenakrobaten, von den Vielschreibern denken, man wird in geschichtlicher Betrachtung nicht außer acht lassen dürfen, daß die Beherrschung der Schrift und der Sprache den entscheidenden Wendepunkt für die Durchsetzung der menschlichen Ratio in wirtschaftlichen Dingen bedeutet hat.

Damit war aber eine Ausweitung menschlicher Fähigkeiten, eine Ausdehnung des Handlungsbereiches wie nie zuvor gegeben, und damit beginnt eine neue Zeit. Das Jahr der Entdeckung Amerikas fällt um zwei Jahre zusammen mit der Niederschrift der Doppelten Buchführung durch den Mönch Lucca Pacioli. Das Jahr 1492 ist das gleiche, in dem Martin Behaim den Globus erfunden hat, die Darstellung der Kugelgestalt der Erde mit Eintragung der damals bekannten Welt, nur eines kleinen Teiles dessen, was uns heute als Landmasse und Meer auf der Erdoberfläche bekannt sind. Die etwas willkürliche Einteilung der Erde in eine spanische und eine portugiesische Interessenzone durch Papst Alexander VI. im Jahre 1493 war bereits die Folge einer Einteilung der Erdkugel in die südliche und nördliche Hälfte durch die Breitengrade, in die östliche und westliche Hemisphäre durch die Längengrade, und wenn heute das Düsenflugzeug über Kontinente hinweg, der Ozeandampfer auf den Weltmeeren Kurs hält, wenn der Kompaß uns in die Lage versetzt, den Kurs zu bestimmen und zu kontrollieren, so ist der Anfang mit dem Globus intellectualis, mit der geistigen Überschau des denkenden Menschen über die Erdoberfläche gemacht. Daß sich der Kaufmann dieser geistigen Mittel bediente, daß die Welser Anfang des 16. Jahrhunderts eine überseeische Kolonialgründung in Venezuela vornahmen, daß die Hohenzollern in Afrika Gleiches unternahmen und später wieder aufgaben, sind Ereignisse, die zu den denkwürdigen Merkmalen einer neuen Zeit gehören, in der Feder und Papier über Pflug und Schwert zu triumphieren schienen, der Kanzler über den Feldherrn, die Kammer über den Marstall, das Kontor über das Schlachtfeld, das Konto über die Willkür.

## 2. Planung

Unter Planung verstehen wir sinnvolle Überlegungen zur Durchführung künftiger Maßnahmen. Planungen werden um so wichtiger, je länger der Zeitraum der Durchführung, je komplizierter die Heranführung und Anwendung, insbesondere der kombinierte Einsatz der Durchführungsmittel, ist. Rußland hat nach der Oktober-Revolution (1917) schwerste Jahre der Desorganisation, man kann sagen eines wirtschaftlichen Chaos mit Hungersnot und Elend, durchgemacht. Das gleiche Rußland hat noch unter Lenin in dem ersten Fünf-Jahres-Plan das Mittel erkannt und energisch angewandt, Elend und Chaos zu überwinden. Als im Dritten Reich die ersten wirtschaftlichen Maßnahmen großen Stils zur Durchführung der Autobahn-Projekte, zur Mobilisierung der Arbeitskräfte, zur Überwindung der Arbeitslosigkeit, zur Ausbeutung der eigenen Bodenschätze und Energiequellen, vor allem aber zur Aufrüstung überlegt wurden, fand man für die gesamte Idee keinen besseren Ausdruck als den mit dem Namen von Hermann Göring als Urheber verbundenen sog. Vier-Jahres-Plan (1936). Dieser Vier-Jahres-Plan war zugleich die Grundlage und der Rahmen für Einzelmaßnahmen und deren Koordinierung auf dem Gebiet der Energiewirtschaft, der industriellen Entwicklung (Hermann Göring-Werke A.G.), der Agrarpolitik, des behördlichen Arbeitseinsatzes und der Wirtschaftspolitik überhaupt mit den dazugehörigen Finanzierungs- und Organisationsmaßnahmen.

Die Planung ist im öffentlichen Bereich älter als im privaten. Sie gewinnt im privaten Bereich von da ab Bedeutung, wo Großprojekte auf lange Sicht mit erheblichem Kräfteeinsatz konzipiert werden. Die Antike kannte ihre sog. sieben Weltwunder; was sie in Erstaunen setzte, war nicht nur das Ergebnis, sondern die Größe der Idee; gewaltige Heere, ungeheure Sklavenmassen mußten in der Antike herangezogen und in Bewegung gesetzt werden auf dem Zug Alexanders nach Indien, der Perser nach Mazedonien und Griechenland, bei den Unternehmungen der feindlichen Griechenstämme im Peloponnesischen Krieg. Transportmittel, Arbeitskräfte, Gerätschaften, Materialien, Nahrungsvorrat bedurften des Einsatzes, der Sammlung, Beförderung und richtigen Disposition.

Wir sprechen heute von Normalisierung und Standardisierung und meinen damit die Festlegung bestimmter Formen und Größen industrieller Erzeugnisse, insbesondere von Fertigungsteilen zum Zweck der besseren Verwendung, wie etwa bei Reparaturen, Ersatzteilen, überhaupt im Falle der Montage. Ist es abwegig festzustellen, daß babylonische Ziegelsteine, ägyptische Säulentrommeln, griechische Tuff- und römische Marmorsteine ebenso standardisierte Erzeugnisse gewerblicher Produktion zu ihrer Zeit gewesen sind wie Schiffsplanken, Eisennägel, Stahlrüstungen, Pferdegeschirr, Fahrzeugteile, Leitungsrohre aus Blei und Ton und vieles andere? Ist es abwegig zu sagen, indische und chinesische Bronze, Boote, Werkzeuge, Waffen hatten in Größe und Form vor Jahrtausenden die Merkmale einer Standardisierung, wie wir sie als Ausdruck unseres Industriezeitalters erstmalig gegeben glauben?

## 2. Planung

Trifft es aber, wenn auch nur begrenzt zu, daß solche modernen Ausdrücke wie Normalisierung und Standardisierung auf die Sachverhalte vor Jahrtausenden anwendbar sind, so ist doch wohl die Tatsache erhellt, daß solchen Einrichtungen die Idee der Planung im Sinne des Einfügens und Einpassens, im Sinne der vielseitigen und vorherbestimmten Verwendung zugrunde liegt.

Auch hier sind im öffentlichen Bereich die ersten Maßnahmen einer Planung getroffen worden und sicher zuerst auf religiösem und militärischem Gebiet, erst später im Bergbau, Landbau und im Schiffbau. Staat und Kirche sind die Lehrmeister der Menschheit da, wo es um die Planung geht, sei es bei der Errichtung der Heiligtümer, der Tempel und Kultstätten, sei es bei der Durchführung großer militärischer Unternehmungen wie dem Zug des Xerxes nach Griechenland, dem Zug des Alexander nach Indien, dem Zug des Hannibal nach Rom oder der Errichtung der Triumphbogen zur Ehrung siegreicher Feldherren und Kaiser. Die Hafenanlagen Athens am Piräus und Roms in Ostia, der Bau der sumerischen Magazine, ägyptischen Lagerhäuser, der phönizischen und karthagischen Handelsschiffe, der athenischen Kriegsflotte, der römischen Kastelle, die Flußregulierungen und Stauungen in Lübeck und Hamburg im 13. Jahrhundert, die Vorkehrungen zur Einfahrt von Seeschiffen in den ältesten und größten Seehäfen des Mittelmeeres, die Festungsbauten kleinasiatischer Städte, die Unterhaltung der römischen Hauptstraßen, die Versorgung großer Städte mit Trinkwasser gehören der Geschichte der Technik an. Was sind sie anderes als Ausdruck einer großzügigen Planung, wie sie uns neuere Forschungen erst verständlich gemacht haben, einer Planung, wie sie den babylonischen Tempeln und Stadttoren, den ägyptischen Pyramiden, den griechischen Säulentempeln und römischen Triumphbogen in der Idee und in der Durchführung zugrunde liegen.

Weltreiche wie das Alexanders des Großen oder das Römische Weltreich, auch die zentral regierten mittelamerikanischen Kulturen der Inkas und der Mayas müssen wohl auf Planung, auf einem streng geordneten Melde- und Berichtswesen, auf Einrichtungen wie der römischen Post für militärische Zwecke, den ständigen Posten an den großen Heerstraßen beruht haben. Nicht die nackte Gewalt hält solche Gebilde durch Jahrhunderte zusammen, sondern die innere geistige Ordnung, die Zusammenführung der Grenzteile mit den zentralen Lebenszellen, die Ordnung der Glieder an den Außenbezirken und ihre enge Bindung an die innersten Entscheidungspunkte[72]. Große Staatsmänner, bedeutende Heerführer, mutige Entdecker sind Bestandteil menschlicher Leistung,

---

[72] Plenge, Johann: Drei Vorlesungen über die allgemeine Organisationslehre, Essen 1919.

Vorbild auch für die Nachahmung im Kleinen. So nimmt es nicht wunder, daß menschliche Vorbilder auch im kaufmännischen Bereich Nachahmung gefunden haben, wenn auch das Negotium nur eine Verneinung des Otium nach antiker Wertung darstellt (Ortega y Gasset). Immerhin hat Schiller vom Kaufmann gesagt, daß er Güter zu suchen hinausfahre aufs Meer, „doch an sein Schiff knüpfet das Gute sich an", das Gute im allgemeinen, im höheren Sinn, jedoch abgeleitet vom konkreten, brauchbaren und nützlichen Gut, wonach der Kaufmann sucht, sei es auch nur, um es mit Gewinn zu veräußern.

Galt auch der Kaufmann in der Antike erheblich weniger als der Staatsmann, der Philosoph und der Krieger, so trat im Mittelalter (13/14. Jahrhundert) der ehrbare Kaufmann, der unter dem Schutz des Kaisers reisende „mercator imperii" (F. Rörig) doch in eine Schätzungszone, die weniger von der höchsten militärischen, religiösen oder theologischen Rangstufe entfernt war. Ja, es gab eine Zeit (15./16. Jahrhundert), in der der Kaufmann sich fürstlicher kleidete als der Fürst selbst, in der der Kaufmann dem Fürsten mit Krediten, Informationen, Beziehungen, Nachrichten helfen mußte, in der Kaufmannsgeschlechter selbst die Herrschaft ihres Landes antreten konnten. Drei Quellen, so sagt die moderne Soziologie, führen zur Macht: die Politik, der Reichtum und die Begabung, anders gesagt, die politischen, die ökonomischen und die Bildungsvoraussetzungen. Ein anderer moderner Gedanke der zeitgenössischen Soziologie ist der, daß Bildung an die Stelle von Besitz trete, so wie der Manager den auf Besitz beruhenden und durch ihn ausgewiesenen Unternehmer ersetzt oder gar verdrängt hat (H. Schelsky). In der Regierungszeit der Königin Elisabeth I. war am Hofe die Rede von ihrer Majestät „gallant adventurers". Es war zur gleichen Zeit die Rede von den „merchant adventurers". Damit war eine Verbindung von Kühnheit und Wagemut mit kaufmännischer, unternehmerischer Initiative hergestellt, die es mit sich brachte, für die eigene Nation Land zu erwerben, Seewege zu entdecken, eine Expansion der politischen Macht und der wirtschaftlichen Kräfte vorzunehmen, wie zuerst die Portugiesen Ende des 15. Jahrhunderts, dann die Franzosen, die Spanier, die Holländer, die Engländer es unternahmen, bis schließlich Schiller den Deutschen als denjenigen charakterisieren konnte, der bei der Verteilung der Welt als Träumer und Dichter zu kurz gekommen war und dem schließlich Zeus am Ende sagen durfte: „Doch willst Du im Himmel bei mir wohnen, so sollst Du mir willkommen sein." Mehr im Spott als in Bewunderung nannte man deshalb die Deutschen „das Volk der Dichter und Denker", es hätte auch heißen können: das Volk ohne Kaufleute, ohne Ingenieure, ein Volk nämlich, das in der Geschichte der Kolonisation zu spät gekommen war und das für seine großen Entdeckungen und Erfindungen des 16. Jahrhunderts zwar Ruhm und Anerkennung verdient hätte, aber keinen politischen Anspruch anzumelden hatte, der dem gleich kam.

Die Kulturgeschichte hat den geistigen Anschluß an die Frühkulturen hergestellt, wie dies Oswald Spengler, Arnold Toynbee, in etwa auch Alexander Rüstow, in ihren grundlegenden Werken getan haben[73]. Die Anthropologie und Ethnologie unter den führenden Einflüssen von B. Malinowski, R. Thurnwald, vielleicht auch noch H. Cunow, könnten hier neben der Kulturgeschichte genannt werden, hingegen fehlt es innerhalb der Wirtschaftsgeschichte an einem historischen Anschluß an frühe Formen, an Berichten darüber, welche organisatorischen Mittel für die Durchführung der sog. Weltwunder, für die Vorbereitung der großen Heerzüge, für den Einsatz von Menschenmassen, Geräten, Pferden, Wagen, Kamelen und Elefanten auf den Kriegszügen getroffen wurden.

Die heutigen Weltunternehmungen wie General Motors, General Electric oder Imperial Chemical, die größten Versicherungs-, Bank-, Schiffahrtsunternehmungen, ja auch solche wie zur Herstellung eines alkoholfreien Getränkes, zur Herstellung von Glühbirnen, Kaugummi, Zigaretten, Lippenstiften und anderen Nichtigkeiten bringen uns den Gedanken der Planung näher, denn es sind Unternehmungen, die an Tausenden von Plätzen in Hunderten von Ländern unter möglichst genauer Kenntnis der natürlichen Bedingungen, der Absatzmöglichkeiten operieren. Ohne einen Plan ist dies nicht möglich. Der Plan ist ein neues Mittel wirtschaftlicher Gestaltung, der Plan nach außen zur Eroberung der Märkte, der Plan nach innen zur Analyse des Arbeitsprozesses, der betrieblichen Verfahrensweisen, zur Durchführung und Kontrolle dessen, was der Amerikaner processing nennt. Die unternehmerische Planung von heute hat ihre Prinzipien, sie hat ihre Träger und ihre Mittel. Die Planung erfaßt die Investition, die Produktion, die Finanzierung und sie stellt sich die Aufgabe, alle Teilbereiche der Unternehmung und der Betriebes zu koordinieren (s. VII/3). Die heutigen Träger der Großplanung in der Wirtschaft und Verwaltung sind die boys, die egg heads, die sog. Intelligenzia, wie sie der amerikanische Präsident Franklin Delano Roosevelt (Amtszeit 1933 bis 1945) sich in be-

---

[73] Spengler, Oswald: Der Untergang des Abendlandes. Umrisse einer Morphologie der Weltgeschichte, 2 Bde., München o. J. (1920/22); Toynbee, Arnold Joseph: A Study of History. Issued under the auspices of the Royal Institute of International Affaires, 12 Bde. Oxford 1934—1961; Rüstow, Alexander: Ortsbestimmung der Gegenwart. Eine universalgeschichtliche Kulturkritik, 3 Bde., Erlenbach-Zürich 1950—1957 (Bd. 1: Ursprung der Herrschaft, 1950; Bd. 2: Weg der Freiheit, 1952; Bd. 3: Herrschaft oder Freiheit?, 1957); Weber, Alfred: Kulturgeschichte als Kultursoziologie, München o. J. (1960); Salin, Edgar (Hrsg.): Synopsis. Festgabe für Alfred Weber, Heidelberg 1948.

stimmten Ausschüssen und Beiräten zulegte (sog. brain trust), wie sie nach H. S. Truman und D. D. Eisenhower erst wieder J. F. Kennedy aufnahm, jedoch nach der Ermordung am 22. 11. 1963 von seinem Nachfolger L. B. Johnson nicht fortgesetzt wurden.

In der Bundesrepublik sind bei einzelnen Ministerien wie Wirtschaft, Finanz, Verkehr, Landwirtschaft bei Bund und Ländern wissenschaftliche Beiräte, allerdings von sehr unterschiedlichem Grad und Gewicht, gebildet worden, zuletzt unmittelbar bei der Bundesregierung ein Gremium von fünf Experten (Februar 1964). Die Vorbilder hierzu finden wir in den Kriegsschulen der Antike und der Barockzeit, in jenen Pflanzstätten, aus denen ein Napoleon als junger Artillerieleutnant, ein Werner von Siemens als Zögling einer preußischen Artillerieschule hervorgegangen ist; von Sowjetrußland wissen wir, daß der Prozentsatz der höheren akademischen Ausbildung denjenigen der Vereinigten Staaten (post graduate study) weit übertrifft und daß die Kriegsakademie wohl hinter den Universitäten mit ihren naturwissenschaftlichen Forschungseinrichtungen und Möglichkeiten nicht zurücksteht, wenn es darum geht, der Nation fundierte und geschulte Intelligenz zur Verfügung zu stellen. Ohne Idee keine Planung. Die Planung ist der Anfang ihrer Realisierung.

### 3. Prüfung

Die Antike kannte wohl eine Prüfungstätigkeit auf dem Gebiet der öffentlichen Finanzverwaltung, der Steuer- und Zolleinnahmen, der Pachten[74]. Man kannte den königlichen Aufseher, den königlichen Schreiber und Rechner im alten Ägypten, den wirtschaftlichen Verwalter des Tempels und der Gottheit bei den Babyloniern, und man darf diese Figuren als Träger von Prüfungsaufgaben verstehen. Der Schreiber wurde in besonderen, langjährigen Lehrgängen ausgebildet, wobei es nicht ohne Prügelstrafe abging. Die alten Urkunden und überlieferten Schriften enthalten jedoch keine solchen modernen Bezeichnungen wie Prüfer oder Revisor. Hierzu fehlte vielfach noch die Geldrechnung und ein darauf beruhendes ausgebautes Rechnungswesen. Immerhin hat auch die ältere ägyptische Naturalwirtschaft das Abgabesoll und die Nachprüfung der Ist-Leistungen in natura gekannt. Antike Prüfungsaufgaben haben also nicht gefehlt, selbst wenn man den Zolleinnehmer, den Steuerpächter und den Sklavenaufseher nicht als ausschließliche Träger solcher Prüfungstätigkeit ansieht.

---

[74] Linhardt, Hanns: Wegweiser für die Prüfung von Finanzierung und Sanierung. Wegweiser für die wirtschaftsprüfenden und wirtschaftsberatenden Berufe, hrsg. v. C. W. Meyer, Reihe B, Bd. 2, Berlin 1964.

## 3. Prüfung

Aloys Schulte berichtet in seinem dreibändigen Werk über die „Geschichte der Großen Ravensburger Handelsgesellschaft 1380—1530" (Berlin 1923) von umfangreichen Rechnungsprüfungen, die die Führer dieser weitverzweigten Gesellschaft eingerichtet hatten. Zur Verpflegung der Prüfer war ein bestimmter „Fischwein" verwendet, und die Kost, die den Prüfern während ihrer Tätigkeit verabreicht wurde, war vorgeschrieben. Unter Fischwein verstand man damals nicht etwa den zu einem Fischgericht passenden Wein, sondern denjenigen Wein, in dem der Fisch gesotten wurde.

Die mittelalterliche Geschichte überliefert uns wenige Beispiele einer solchen ausgedehnten Prüfungstätigkeit durch besondere Fachkräfte. Je mehr wir uns aber der Geldrechnung etwa des 14. Jahrhunderts und dem Geldtausch nähern, um so bedeutungsvoller werden in der öffentlichen und der privaten Wirtschaft die Prüfungsfunktionen, etwa im Staatshaushalt von Burgund, später von Holland, Frankreich, England. Kaiser Maximilian I. erlernte die Haushaltrechnung in Burgund; man sagte ihm wie übrigens seinem Ahnherrn Kaiser Rudolf mehr kaufmännische als monarchische Fähigkeiten nach (s. o.). Wir kennen den Begriff des Staatshaushalts, verbunden mit dem Begriff der Prüfungs- oder der Rechnungskammern. Mancher erinnert sich hier an den Ausspruch von Bismarck, der Preußischen Oberrechnungskammer und dem lieben Gott bliebe nichts verborgen. Die Leistungsfähigkeit einer Rechnungsprüfung war tatsächlich früher schon hoch entwickelt, wenn auch nicht von der Präzision wie Anfang und Mitte des 19. Jahrhunderts mit Beginn der konstitutionellen Monarchie, der aufgeklärten Demokratie, der öffentlichen Selbstverwaltung und der Kontrolle der Staatsregierung, ja auch der Staatsoberhäupter durch das Bewilligungsrecht des Parlaments.

Die Prüfung ist der Schlußstein der Planung, die Planung das Mittelstück zwischen Rechnung und Prüfung. Die Planung dient der wirtschaftlichen Tätigkeit, zwar auf der einen Seite ihrer möglichst freien Entfaltung, aber auf der anderen Seite ihrer Begrenzung im Interesse der Zielsicherung. So bilden diese drei hier zusammengefaßten Funktionen — Rechnung, Planung und Prüfung — eine innere Einheit. Erst wo durch die Planung die sog. Plandaten gesetzt werden, erst wo ein Plansoll aufgestellt und erfüllt wird, kann die nachfolgende Prüfung diese Erfüllung im Sinne der Übereinstimmung von Soll und Ist ermitteln. Es entspricht unserer heutigen, von Prüfungen überall durchsetzten Zeit, daß die täglichen wirtschaftlichen Handlungen immer wieder auf ihre Richtigkeit und Vollständigkeit geprüft werden. Soundsoviel Berufe sind ausschließliche Prüfungsberufe, sei es in der Technik der Güterherstellung, der Qualitätskontrolle, sei es in der kaufmännischen Verwaltung, wo die Zahlen, die Buchungen, die Gelddispositionen geprüft, verglichen, kontrolliert werden. Alle mit der Prüfung verbundenen Berufe gelten als gehobene Stellung im kaufmännischen Unternehmen. Der Revisor ist eine Respektsperson, wie dies in dem Lustspiel von Gogol in der musikalischen Bearbeitung von Hindemith recht hübsch gezeigt wird. Denn hier wird geschildert, wie ein Schwindler sich in die Rolle eines Prüfers begeben kann und es deshalb leicht hat, weil der Revisor als Respektsperson ohne weiteres Glauben, Vertrauen verdient, ähnlich wie der Hauptmann von Köpenick in jenen Tagen des alten Preußen, von dem Kaiser Wilhelm II. hernach zu seinem Polizeipräsidenten von Jagow sagen konnte: „Das macht uns kein Volk der Erde nach." Gemeint war der Respekt vor der Hauptmannsuniform, auch dann, wenn sie von einem wiederholt vorbestraften Schuster widerrechtlich getragen wurde.

Solange die Unternehmungsleitung in der Person des Unternehmers verkörpert ist, solange, wie in den frühen Gesellschaftsformen, alles auf den Augen des allein herrschenden, „regierenden" Prinzipals steht, solange ist auch in ihm die Prüfungsfunktion verkörpert; nur in einem sehr begrenzten Umfang wird sie auf den einen oder anderen Vertrauten seiner Familie oder Verwandtschaft, vielleicht auch auf einen in langen Jahrzehnten erprobten Mitarbeiter, den sog. Faktor, übertragen. Aber erst die moderne Funktionsteilung unternehmerischer Aufgaben und die Delegierung einzelner Unternehmerfunktionen lösen den Prüfer, den Rechnungs-, Abschluß-, Bilanz-, Material-, Einkaufs-, Leistungs- und andere Prüfer heraus und stellen ihre Sonderaufgabe klar vor Augen[75]. Typisch dafür ist der „Funktionsmeister" bei F. W. Taylor in seinem „Scientific Management"[76].

Die Schule des modernen Prüfungswesens der kaufmännischen Unternehmung finden wir in den Berufsvereinigungen der englischen Chartered Accountants (Anf. 19. Jh.). Hier finden wir eine hohe Berufsauffassung, gestützt durch eine sehr genaue und gründliche Berufsausbildung, die von den verschiedenen jetzt zusammengefaßten Verbänden getragen wird. In den Vereinigten Staaten ist der Cost Accountant, der Chief Accountant, der Certified Accountant Ausdruck einer Spezialisierung, zugleich Ausdruck einer kaufmännischen Elite, die eigentlich erst in den letzten Jahrzehnten in Verbindung mit dem Management auf der einen Seite und der Management-Kontrolle auf der anderen Seite diese Ausprägung gefunden hat. Hier hat sich eine privatwirtschaftliche Hierarchie

---

[75] Meyer, Paul W.: Ertrags- und Funktionsanalyse als Mittel betriebswirtschaftlicher Kontrolle. Öffentliche Probevorlesung an der Wirtschafts- und Sozialwissenschaftlichen Fakultät der Universität Erlangen-Nürnberg am 30. 1. 1964.

[76] Taylor, Frederick Winslow: The Principles of Scientific Management, New York und London 1911, Neudruck 1915. Deutsche Übersetzung unter dem Titel: Die Grundsätze wissenschaftlicher Betriebsführung, München und Berlin 1913, Neudruck 1922.

## 3. Prüfung

mit zahlreichen Schichten, Regionen und Aufstiegsmöglichkeiten herausgebildet, die sich über die ganze Wirtschaft erstreckt, ohne die die modernen Konzerne die Beziehungen zwischen Mutter- und Tochtergesellschaft, zwischen Unternehmung und Markt, zwischen offenen und vertraglich gebundenen Liefer- und Abnahmebeziehungen, zwischen Markt- und Verrechnungspreisen nicht klären und sichern und ohne die die früheren großen Kartelle, wohl auch die heute amtlich genehmigten, nach dem Wettbewerbsgesetz zugelassenen Kartelle ihre innere Ordnung nicht finden und nicht einhalten können. Stellt man dieser Beobachtung die Tatsache gegenüber, daß noch der Vater von Friedrich dem Großen, Friedrich Wilhelm I., selbst seinen Staatshaushalt geführt, persönlich mit Federkiel und Tinte die Eintragungen der Staatsausgaben vorgenommen hat, so ist damit nicht nur ein Beispiel echt preußisch-spartanischer Sparsamkeit gegeben, sondern auch der geringe Grad für den Einsatz einer prüferischen Tätigkeit in der damaligen Finanzverwaltung angezeigt. In Frankreich war — entscheidend seit Sully (1597 f.) unter Heinrich IV. — die Finanzverwaltung geordnet und in etwa auch schon kontrolliert, wenn auch nicht frei von Übergriffen des Souveräns, des Hofes und der Beamtenschaft der Finanzverwaltung einschließlich des Finanzministers[77].

Heute spricht man von Prüfungsstäben, Prüfungsleitern, Prüfungsassistenten, und man findet sie auf Seiten der Finanzverwaltung, deren Steuerprüfung sich unter Einsatz von mitunter 30 Personen über mehrere Wochen erstreckt und die im Grunde sich durch das ganze Jahr hinzieht. Die Prüfungstätigkeit umfaßt ein Arsenal spezieller Berufe, spezieller Funktionen mit Aufgabenstellung, Berichterstattung, Berichtsabfassung, Berichtskritik, Berichtsauswertung und vielem anderen. Eine kürzlich begonnene Schriftenreihe, betitelt „Wegweiser für die wirtschaftsprüfenden und wirtschaftsberatenden Berufe", umfaßt nahezu hundert einzelne Bände, ein Zeichen für die Spezialisierung der modernen Prüfungstätigkeit[78].

---

[77] Bresson, Jacques: Histoire Financière de la France, 2 Bde., Paris 1829.
[78] Linhardt, Hanns: Wegweiser für die Prüfung von Finanzierung und Sanierung. Wegweiser für die wirtschaftsprüfenden und wirtschaftsberatenden Berufe, hrsg. v. C. W. Meyer, Reihe B, Bd. 2, Berlin 1964.

# VII. Investierung — Finanzierung — Koordinierung

## 1. Investierung

Auch hier handelt es sich um einen modernen Begriff, der wohl kaum weiter als ins 19. Jahrhundert zurückreicht. Seine Bedeutung ist eine doppelte: sie bezeichnet einmal die Anlage des nach dem englischen Sprachgebrauch sog. Investors in Wertpapieren zum Zweck der Ertragserzielung, zum anderen die Anlage der Unternehmung in Realgütern. Je nachdem ob man hierunter nur Güter des Anlagevermögens oder auch solche des Umlaufvermögens versteht, ergibt sich ein engerer oder ein weiterer Investierungsbegriff der zweiten Art. In der gesamten Verkehrswirtschaft finden wir originäre Unternehmungen der Gütergewinnung und abgeleitete Unternehmungen der Dienstleistung, wie solche der Vermittlung, Beförderung, Beratung, der Kreditgewährung und der Versicherung. Auch in solchen abgeleiteten Dienstleistungsbetrieben findet eine Investierung statt, zu einem geringen Teil in Realgütern, wie Grundstücken und Gebäuden zur Unterbringung der Betriebsstätten, zu einem überwiegenden Teil jedoch in Forderungen, Beteiligungsrechten, überhaupt in Rechten aller Art, wie sie im Wertpapier verbrieft sind. Gerade diese indirekte oder abgeleitete Art der Investierung, die in die Finanzsphäre der Verkehrswirtschaft fällt, nennen wir ebenso Investierung wie die andere Art, die Anlage in Realgütern des Anlage- und des Umlaufvermögens.

Im Englischen dürfte der geldwirtschaftliche Investitionsbegriff wissenschaftlich, literarisch und volkskundlich älter und verbreiteter sein als der güterwirtschaftliche Investitionsbegriff, der erst mit der langfristigen Planung der hochkapitalitischen Unternehmung des 19. Jahrhunderts Platz greift, während die landläufige Redensart „that's a good investment" für jede beliebige Anschaffung, Ausgabe, Geldverwendung im privaten Lebens- und Konsumbereich von jeher gebräuchlich ist. Diese Verwendung des gleichen Ausdrucks für zwei so verschiedenartige Dinge, wie es Realgüter auf der einen Seite, Rechte verschiedener Art auf der anderen Seite sind, bildet den Grund für viele Unklarheiten und Mißverständnisse innerhalb der wirtschaftswissenschaftlichen Disziplinen. Aber wo gäbe es solche nicht! Sie finden sich ebenso bei den Begriffen Arbeit, Einkommen, Kapital und eigentlich bei allen wirt-

## 1. Investierung

schaftswissenschaftlichen Begriffen, trotz der Bemühungen um ihre begriffliche Klärung. Außerhalb der Unternehmungssphäre findet der Investierungsbegriff Anwendung bei der Ausstattung öffentlicher Betriebe, bei Anstalten der öffentlichen und privaten Fürsorge, bei Körperschaften und Stiftungen, deren Verwaltung in der Regel nach einem Haushaltsplan geschieht.

Erst in neuerer Zeit wird der Begriff der Investierung (im Sinne der Aktivseite der Bilanz) und im Gegensatz zur Finanzierung (im Sinne der Passivseite der Bilanz) verwendet, wie der Verfasser dies vor Jahrzehnten getan hat[79]. Eine Investierung im modernen Sinn setzt die Erfassung der Realgüter der Unternehmung durch die Geldrechnung (Buchhaltung und Bilanz) voraus. Damit ist das Problem der Bewertung in der Kostenrechnung (Abschreibung) und in der Bilanz gegeben. Zugleich entsteht das Sonderproblem der verschiedenen Abschreibung, nämlich der sog. kalkulatorischen in der Kostenrechnung und der buchhalterischen in der Erfolgsrechnung und Bilanz. Hieraus ergibt sich das weitere Problem der Erfassung etwaiger Differenzen zwischen diesen beiden Abschreibungsgrößen. Schmalenbach[80] hat in seinem erstmalig 1927 veröffentlichten Kontenplan die Klasse 2 dazu verwendet, die Differenzen zwischen der kalkulatorischen und der buchhalterischen Abschreibung zu erfassen, ebenso die Differenzen zwischen dem kalkulatorischen und dem effektiven Zins und die Differenzen zwischen dem kalkulatorischen und dem effektiven Unternehmerlohn. Diese Rechnungsmethode hat ihre besondere Bedeutung in der Kriegswirtschaft durch die Kostenrechnungsrichtlinien aus dem Jahr 1938 und durch die danach zulässigen Ermittlungen des sog. betriebsnotwendigen Vermögens für Zwecke der Kalkulation und der auf Kalkulationsgrößen aufgebauten Preisermittlung, einer kriegsbedingten Preisermittlung für öffentliche Aufträge als Ersatz für die Preisbildung unter der Herrschaft der Konkurrenz, ein schlechter Ersatz, wie sich hernach aus der Möglichkeit der sog. Gewinnabschöpfung und einer völlig anderen Methode der Preisbildung, nämlich der Anwendung der sog. Einheitspreise ergab[81].

Bis heute steckt die Betriebswirtschaftslehre in einer unentschiedenen und nicht immer fruchtbaren Auseinandersetzung darüber, ob das Ziel der Bilanzrechnung im Sinne einer strengen Geldrechnung der Ausweis von Geldgrößen für Vermögen und Gewinn oder aber die Substanz-

---

[79] Linhardt, Hanns: Die britischen Investment Trusts, Berlin 1935.
[80] Schmalenbach, Eugen: Der Kontenrahmen, Leipzig 1927.
[81] Vgl. Kosiol, Erich: Bilanzreform und Einheitsbilanz, Schriften des Betriebswirtschaftlichen Ausschusses Sudetenland e. V., Reichenberg, hrsg. v. F. Neumann, u. a., Heft 5, Reichenberg-Leipzig-Wien 1944, S. 16; Vgl. Grochla, E. (Hrsg.): Organisation und Rechnungswesen. Festschrift für E. Kosiol zu seinem 65. Geburtstag, Berlin 1963.

erhaltung von Realgütern ist. Diese Frage tauchte erstmals während der Inflation nach dem 1. Weltkrieg auf und veranlaßte F. Schmidt zu der von ihm aufgestellten Theorie der organischen Bilanz[82] im Sinne der Substanzerhaltung der Realgüter mit dem Ziel, die Geldwertschwankungen und ihre schädlichen Auswirkungen von der Unternehmung durch Bilanzkorrektur fernzuhalten. Diese Gedankengänge wurden von Wilhelm Rieger zeitig, aber ohne nachhaltige Wirkung angegriffen und widerlegt[83]. Sie haben noch später, z. B. in der Schrift von Karl Hax über „Die Substanzerhaltung der Betriebe" aus dem Jahre 1957 Auferstehung gefeiert[84] und werden weiterhin ernsthaft, weil ohne zureichende Kenntnis vom Wesen des Geldes als Rechen-, Dispositions- und Organisationsmittel der Unternehmung erörtert, auch im Ausland unter dem Eindruck der Geldentwertung und ihrer Folgen für die Unternehmungsrechnung und für die Unternehmung.

Der große Lehrmeister der Investierung im 19. Jahrhundert war die Eisenbahn. Keine wirtschaftliche Betätigung vorher erforderte mit einem Schlage solche Kapitalsummen wie der Bahnbau seit den 30er Jahren, mehr noch in der Zeit von 1850 bis 1880. Es ist die Zeit der Haute Finance, die Zeit der Banques d'Affaires, wie die Franzosen damals sagten, es ist die Zeit der Gründung neuer Banktypen wie des von den beiden Brüdern Isaac und Maurice Péreire errichteten Crédit Mobilier aus dem Jahre 1852, der entscheidend an der europäischen Eisenbahnfinanzierung mitwirkte. Es ist aber zugleich die Zeit heftiger Krisen infolge wüster Spekulationen in Eisenbahnwerten und einer Forcierung der Errichtung und auch des Betriebes neuer Bahnstrecken durch private Unternehmungen, die nicht immer erfolgreich waren, auch nicht immer solide geführt wurden. Wüsteste Spekulationen der Eisenbahngesellschaften, vor allem auf amerikanischem Boden, sind die Begleiterscheinung einer ins Große, ja man kann sagen ins Gigantische gewachsenen Investitionstätigkeit, in der es um Hunderte von Millionen in kürzester Zeit ging. Die größte Krise dieser Art ist die des Jahres 1857. Sie ist von Adolph Wagner eingehend ausgewertet in seinem Buch über die Peelsche Bankakte[85].

Nach der Investitionswelle des Bahnbaus folgen im weiteren 19. Jahrhundert die Investitionswellen der Elektrizitätswirtschaft, des Berg-

---

[82] Schmidt, Fritz: Die organische Tageswertbilanz, 3. Aufl. 1929, Neudruck Wiesbaden 1951, 1. Aufl. 1921.

[83] Rieger, Wilhelm: Die organische Tageswertbilanz, in: Archiv für Sozialwissenschaften, 1930, S. 137 ff.; ders.: Schmalenbachs Dynamische Bilanz, 2. Aufl., Stuttgart-Köln 1954 (1. Aufl. 1936).

[84] Hax, Karl: Die Substanzerhaltung der Betriebe, Köln und Opladen 1957.

[85] Wagner, Adolph: Die Geld- und Kredittheorie der Peelschen Bankakte. Wien 1862, Neudruck Essen 1920, s. Anhang über die Krise von 1857.

baus, der Elektroindustrie, des Maschinenbaus und der Großschiffahrt. Die Elektrizitätswirtschaft konnte erst dann die großen Schritte tun, als die Technik der Fernleitung entwickelt war. 1929 waren beispielsweise in den Vereinigten Staaten 90 % aller landwirtschaftlichen Betriebe ohne elektrischen Strom, 20 Jahre später waren weniger als 10 % ohne elektrischen Strom. In dieser Zeit ist durch den Sondereinsatz gewaltiger finanzieller Mittel des Bundes jene Lücke zwischen der Stromerzeugung und dem Stromverbrauch über Tausende von Meilen geschlossen worden, die bis dahin die weitere Gewinnung und allgemeine Nutzung elektrischer Energie verhindert hatte, eben deshalb, weil kein Finanzträger zur Übernahme der Kosten von Fernleitungen über weite Strecken, weder bei den städtischen Gemeinden noch bei den Einzelstaaten, zu finden war. Erst die gewaltige Weltwirtschaftskrise, die in den Vereinigten Staaten eine Arbeitslosenziffer von etwa 15 Mill. Menschen mit all dem Elend und der Verzweiflung und den innerpolitischen Gefahren zutage förderte, zeitigte hier großzügige Projekte, wie das Tennessee Valley Projekt (TVA) zur Stromgewinnung und Stromverteilung in Verbindung mit Flußregulierung und Aufforstung.

Solche neuartigen Zweige unternehmerischer Tätigkeit, wie sie durch Dampf und Elektrizität unter Einsatz moderner technischer Mittel erfolgten, sind in der Geschichte der Investitionsplanung vor dem 19. Jahrhundert nicht nachzuweisen. Frühere Industrie- und Handelsunternehmungen haben sie nicht gekannt. Der Planungsgedanke ist sicherlich älter als seine gegenwärtige Anwendung und die wissenschaftliche Bearbeitung es erkennen lassen. Er ist durchaus der Großunternehmung in Industrie, Verkehrs- und Energiewirtschaft eigen, sicher seit mehr als hundert Jahren. Er wird nicht erst bei Ermittlung des laufenden Investitionsbedarfs der bestehenden Unternehmung, sondern bereits vor der Gründung und im ersten Entwicklungsstadium einer neuen Unternehmung angewendet.

Geht man in der Geschichte weiter als bis zum 19. Jahrhundert zurück, so liegt vor der großen Ära der Elektrizitätswirtschaft (Stromerzeugung) und der Elektro-Industrie (Gerätebau), der Eisenbahnbauten mit ihren einmaligen Investitionserfordernissen die Zeit der Kanäle. Auch diese Periode kannte schon den großen Einsatz menschlicher Arbeitskräfte, die umfassende Planung der Sachmittel und der menschlichen Kräfte, aber es ist wohl kein Vergleich mit den Erfordernissen, die die Eisenbahnära mit sich brachte. Wollte man weiter zurückgehen, so wäre an die Hafenanlagen der Küstenstädte Antwerpen, Amsterdam, Lübeck, Hamburg, London und noch früher an die Hafenanlagen der oberitalienischen Städte zu denken, in zweiter Linie an die Festungsbauten, an denen die Künstler wie Leonardo da Vinci, Michelangelo, Mathias

Grünewald, Albrecht Dürer mitgearbeitet haben, in der Planung wie in der Ausführung. Sie alle wie der Obrist Balthasar Neumann waren nicht nur Baumeister herrlicher Schlösser und Kirchen, sie waren Festungsbaumeister, Wasserbauingenieure, Straßenbauer, Geschützmeister; als Michelangelo mit der Ausführung des Jüngsten Gerichtes in der Sixtinischen Kapelle beschäftigt war, wurde er von seiner Vaterstadt dringend zurückgerufen, um die Verstärkungen der Festungsbauten zu übernehmen und die Ausführung zu überwachen. Die letzte Nürnberger Festungsmauer, die dritte seit Bestehen der Stadt, die Anfang des 16. Jahrhunderts errichtet wurde und dann auch den Kriegsstürmen des Dreißigjährigen Krieges trotzte, sowohl Wallenstein wie Gustav Adolf davon abhielt, die Stadt zu belagern, geht auf die Planungsentwürfe Albrecht Dürers zurück.

Mauern und Türme zu errichten und instand zu halten, Brunnen zu bohren, Häfen anzulegen, Flüsse zu regulieren, Rathäuser, Kornspeicher, Rüstkammern zu bauen, das waren Großaufgaben der öffentlichen Verwaltung, es waren Großaufgaben wirtschaftlicher und finanzieller Art, denen die Investierung, um einen modernen Ausdruck zu gebrauchen, unmöglich abging, denn ohne die Bereitstellung umfassender Mittel, ohne die Planung auf lange Zeit, ohne großzügige Vorbereitung konnten solche Projekte nicht durchgeführt werden, auch dann nicht, wenn die Verfügung über menschliche Arbeitskraft nicht nach den Grundsätzen des Liberalismus Angelegenheiten des Marktes, der freien Vereinbarung im frei abgeschlossenen Arbeitsvertrag war, sondern durch Frondienst, Leibeigenschaft, durch Spanndienste unter der Knute des Vogtes, des Aufsehers vor sich ging. Wer diese herrlichen Barockschlösser und Prunkbauten, die großartig angelegten Gärten des 17. und 18. Jahrhunderts heute bewundert, denkt wohl kaum daran, wieviel Verzweiflung, wieviel menschliche Not damit wuchs, wieviel harter und unerbittlicher Zwang aufgewendet wurden, um solche Bauten entstehen zu lassen.

Man schimpft gerne auf den Liberalismus und vergißt noch lieber, welches Maß an menschlicher Freiheit, auch an menschlicher Würde erst das bürgerliche, so viel gescholtene Zeitalter des 19. Jahrhunderts gebracht hat; die müden Epigonen dieses großartigen Jahrhunderts brachten es fertig, es zu schmähen und in echter historischer Unkenntnis herabzuwürdigen und sich dem höchst fragwürdigen Geist des fin de siècle hinzugeben. Eine historische Betrachtung wie die hier unternommene mag noch so lückenhaft sein, enthält aber doch den Appell zur geschichtlichen Besinnung auf echte Leistungen der Vergangenheit, getragen von dem Gedanken, solche Leistungen der Gegenwart vor Augen zu stellen, um Vergangenes gegenwärtig, Geleistetes verehrenswert, Unerreichtes begehrenswert zu machen.

## 2. Finanzierung

Vieles mußte vorausgehen, ehe die Finanzierung als betriebswirtschaftliche Komponente auftreten konnte: nicht nur der Warentausch, d. h. Gütertausch gegen Geld im Markt, nicht nur der Kreditverkehr, d. h. die Überlassung von Kaufkraft im Vertrauen auf spätere Zahlung, sondern auch die Herausbildung der Firma und ihres eigenen Vertragsrechtes, d. h. die allgemeine Verbreitung ständiger Einrichtungen der Kaufmannschaft, ihre Geschäfte unter einem besonderen Namen zu betreiben, sich unter dem Namen der Firma zu verpflichten, auch Verpflichtungen ihrer „Faktoren", die in ihrem Auftrag und mit ihrer Vollmacht auswärts handelten, wie ihre eigenen anzuerkennen und untereinander — Firma gegenüber Firma — einzulösen. Ehe derlei Bedingungen nicht erfüllt waren, konnte von einer Finanzierung im Sinn einer betriebswirtschaftlichen Komponente keine Rede sein.

In der deutschen Sprache und Wirtschaftsgeschichte taucht das Wort „Finanzierer" erst im 15. Jahrhundert auf und dann sogleich mit dem Beigeschmack von etwas Unschönem und Unredlichem, das man nicht etwa argwöhnisch beurteilt, weil es neu ist, sondern womit man sich in ehrbaren Kreisen nicht befreunden will und nicht befassen möchte. Das lag mit daran, daß die ältesten Finanzierer — wie auch die späteren Hoffaktoren des 18. Jahrhunderts — hauptsächlich dem Fürstenkredit und hier der Kriegsfinanzierung dienten, was nicht im Interesse der Fernkaufleute war.

Das Vordringen des Geldtausches und der Geldrechnung, das Auftreten des Gelderwerbs und der Abgleichung von Geldforderungen und Geldschulden bei den besonderen Gelegenheiten der großen Messen wie in St. Denis bei Paris im 9. Jahrhundert, in der Champagne (seit dem 12. Jahrhundert), später in Lyon, Genf und anderswo, trat viel langsamer ins öffentliche Bewußtsein, etwa des Adels und der Zünfte, als der Übung unter den großen Fernkaufleuten und ihren Faktoren in den nach Nationen abgegrenzten Niederlassungen (mit eigener Gerichtsbarkeit) entsprach. Der mittelalterliche Handel war weltweit und weltoffen unter seinesgleichen wie der päpstliche Segen „urbi et orbi" unter den Christen. Die mittelalterliche Kirche galt mit Recht als Schrittmacher der Geldwirtschaft; sie war auch in der Urbanität ihrer Ämter und Rechte, in der Ausdehnung ihrer Macht und der Verteidigung ihrer Ansprüche namentliche Erbin Roms, sie war es nicht nur in der Aufbringung und Übertragung kirchlicher Abgaben, Spenden, Ablässe, sondern auch im Kauf kirchlicher Ämter und damit verbundener Einnahmen von der Pfarrpfründe bis zum Kardinalshut.

So gesehen war die mittelalterliche Kirche eine überzeitliche und überregionale Organisation, die ein starkes Gegengewicht gegen die Übermacht des Grundbesitzes und der herrschaftlichen Lehensträger bildete. Ihre Arbeitsethik tritt in allen Ordensregeln seit Benediktus und Augustinus bis zu den Zisterziensern zutage; ihre Arbeit war Feldarbeit, Rodung, Urbarmachung, Be- und Entwässerung oder stand damit in engster Verbindung, wie Vieh-, Fisch- und Bienenzucht, Garten- und Weinbau, Kelterei und Brauerei, Molkerei und Ziegelei; ihre Kultur war seit Benedikt bis zur Säkularisierung, also während rund 1400 Jahren, Bodenkultur. In die industrielle Fertigung selbst sind sie nicht eingedrungen, wohl haben sie handwerkliche und kunstvolle Fertigkeiten gepflegt und gelehrt, wohl haben spezialisierte weltliche Orden mit und nach den Dominikanern die Geschäftsführung, Rechnungslegung, den Schriftverkehr und die Finanzen großer Stadtgemeinden und mächtiger Republiken besorgt. Es sind nicht nur die Namen der Bank des Hl. Georg in Genua, des Hl. Ambrosius in Mailand, es ist auch der Geist der Kirche und ihrer geistlichen Diener, was sich hierin wie gerade auch in den oberitalienischen „Montes pietatis", den zum Schutz der Armen vor Wucher und Ausbeutung geschaffenen Lehnbanken, manifestiert.

Trotz manchen Macht- und Amtsmißbrauchs wie gerade in der Erhebung des Zehnten oder der Ausübung des Münzregals durch Klöster, Äbte und Bischöfe[86] war die Kirche in geldlicher Hinsicht konservativ, zumal wo sie den immer wieder neu begangenen Weg von völliger Armut, vergleichbar dem Jesuskind in der Krippe, bis zur Großmacht, auch zur Geldgroßmacht erfolgreich zurückgelegt hatte.

„Geld ist katholisch, Kredit protestantisch", sagt Karl Marx kurz und bündig und Friedrich Schiller umschreibt den gleichen Gedanken gründlicher und ausführlicher in seiner „Geschichte des Abfalls der Niederlande von Spanien"[87]; nichts anderes meint Max Weber, wenn er den Ursprung des Kapitalismus im Geist der protestantischen Ethik sucht[88]. Aber die Frage bleibt, ob es nicht schon vor dem Protestantismus Kredit gegeben hat und die weitere Frage lautet dann nicht, ob es einen solchen

---

[86] Über Basel vgl. Harms, Bernhard: Der Stadthaushalt Basels im ausgehenden Mittelalter. Quellen und Studien zur Basler Finanzgeschichte. Mit Unterstützung der historischen und antiquarischen Gesellschaft zu Basel herausgegeben. I. Abteilung: Die Jahresrechnung, 1360—1535, 1. Bd.: Die Einnahmen, Tübingen 1909; v. Eheberg, Karl Theodor: Über das ältere deutsche Münzwesen und die Hausgenossenschaften, besonders in volkswirtschaftlicher Beziehung, Leipzig 1879.

[87] Linhardt, Hanns: Aufgaben und Wirkmöglichkeiten der Nürnberger Hochschule im nordbayerischen Raum, in: Nordbayerisches Wirtschafts-Jahrbuch, Nürnberg 1959, S. 41—43; ders.: Mittelfrankens Banken und Versicherungen, in: Der Regierungsbezirk Mittelfranken. Monographien deutscher Wirtschaftsgebiete, hrsg. v. G. Pfeiffer, Bd. 25, Oldenburg 1963, S. 119—125.

[88] Weber, Max: Gesammelte Aufsätze zur Religionssoziologie, 3 Bde., 2. Aufl., Tübingen 1922/23 (1. Aufl. 1920/21).

unter Katholiken gegeben hat, womit die Einsicht wieder hinfällig wird, sondern ob es nicht der Kredit in neuer Form und Anwendung, der Kredit als Ausdruck neuer Wirtschaftsführung und neuer Wirtschaftsgesinnung zuwege gebracht hat, aus dem alten den neuen Glauben (in Wirtschaftsdingen) hervorgehen zu lassen.

Bei allem Respekt vor der Gottesgelahrtheit und ihren Lehrstühlen an den Universitäten bis Ende des 18. Jahrhunderts, bei aller Achtung vor dem Ernst, mit dem um das Wort Gottes gerungen wurde: aber 300 bis 400 Jahre lang hat man in Europa und in der ganzen Welt nicht in blutigen Kriegen darum gekämpft, ob das Abendmahl in dieser oder jener Gestalt genommen, die Bibel in dieser oder jener Form gelesen und ausgelegt werden, die Suprematie des Papstes anerkannt oder bestritten werden sollte.

Um was aber gingen die Religionskriege, die Völker und Herrscherhäuser entzweiten und blühende Landstriche und Städte entvölkerten und verödeten? Darum, ob die Welt katholisch oder protestantisch werden sollte, also nach K. Marx, ob sie vom Geld regiert werden sollte wie bisher oder vom Kredit bestimmt und durchdrungen wie noch nie. Folgt man diesem Gedankengang, so kann man ihn mittels des Finanzierungsbegriffs fortsetzen und sagen: Es ging darum, ob die Finanzierung, wie sie mit Beginn der Neuzeit — und nicht zufällig mit der Reformation — Platz greift, sich unter dem Schutz der protestantischen Mächte Brandenburg, Schweden, Holland, England weiter ausdehnen konnte oder ob die bisherigen Geldmächte — Kirche und Klerus, Adel und bürgerlicher Grundbesitz — die Oberhand behalten sollten. Der zunehmende Einfluß reformierter Kreise in Frankreichs Handel und Finanzen war mit ein Grund für die Aufhebung des Ediktes von Nantes (1685) unter Ludwig XIV. und die grausame Vertreibung, Verfolgung und Entrechtung der Hugenotten. Drei Jahre später rief die protestantische Partei Wilhelm von Oranien auf den englischen Thron.

Protestantismus in seiner Blüte bedeutete Entfaltung aller Kräfte in Wirtschaft und Politik, Verbreitung von Wissen und Bildung von der lutherischen Volksschule bis zur dänischen Volkshochschule und dem angelsächsischen College, bedeutet aber auch die Inkorporierung eines auf Welteroberung, Besiedelung und Beherrschung gerichteten Machtanspruchs und Geltungsbedürfnisses, wie er sich in den holländischen und englischen Handelskompagnien und deren Kolonisierung entlud und gegen die katholische Missionierung richtete.

Ein Zug der Freiheit kam mit dem Protestantismus in die Welt, von dem auch der alte Glaube angesteckt wurde, der Freiheit des Christenmenschen, der Freiheit des Meeres, der Schiffahrt, des Handels, freilich auch des Sklavenhandels, der Unterwerfung, des Handelsboykotts. Seit die Neue Welt entdeckt war, war nicht nur die ganze Welt größer geworden, dadurch wurde alles auf einmal größer, das Machtstreben der Staaten, die Ziele der Diplomatie, die Feuerwaffen, die stehenden Heere, die Schiffe und die Schiffskanonen, die Schmiedefeuer, Gußformen, Festungsmauern — und was mit alledem zusammenhing, der private und der staatliche Geldbedarf.

Die Neuzeit ist der Anfang der Finanzierung schlechthin. Columbus mußte seine drei Schiffe für die erste Entdeckungsfahrt mit Sträflingen bemannen, für reguläre Matrosen fehlte das Geld. Wo aber Reichtümer ferner Länder winkten, fand sich bald das nötige Geld als Risikoträger, anders gesagt die Möglichkeit der Finanzierung, ob dies nun die Jagd nach dem Gold der Azteken, dem Silber von Peru, der Sklavenhandel und der davon getragene Plantagenbau (Tabak, Baumwolle, Kaffee, Zucker) war.

Ehe aber Amerika entdeckt wurde, war es doch der sagenhafte Reichtum Indiens, der zu dieser Entdeckung drängte, im Wettstreit Spaniens mit Portugal, das den Seeweg nach Indien entdeckt hatte. Warum aber war Indien mit seinen Reichtümern nicht die Wiege des Kapitalismus? Die Religion kann nicht der einzige Grund sein; wenigstens hat sie die Kluft zwischen unschätzbarem Reichtum und unvorstellbarer Armut heute wie vor abertausend Jahren zugelassen — sie und nicht der Kapitalismus.

Was dort zum Kapitalismus fehlt, ist der nächste Schritt nach der Schatzbildung und Vorrätigkeit: die Verwertung durch Inverkehrbringung. Dazu gehört aber bereits ein wirtschaftlicher, großräumiger Verkehr, der auf Ausgleich durch Austausch gerichtet ist und auf Homogenität der Güter und Bedürfnisse, nicht zuletzt solcher profaner Art, beruht. Wo der Schatz des Reichen nicht in Verkehr gebracht wird, um dort einerseits dem Ausgleich, anderseits dem Erwerb zu dienen, statt in Tempeln, Kultstätten und Heiligtümern angehäuft zu werden, da kann kein Kapitalismus entstehen. Wo dies aber geschieht, da geschieht es im Wege der Finanzierung und dies ist der dritte Schritt nach der Schatzbildung und Inverkehrbringung; er besteht im Kredit, d. h. der Überlassung von Kaufkraft gegen Entgelt, sprich Zins, vor allem im bürgerlichen Kredit auf beiden Seiten, der Hingabe wie der Inanspruchnahme[89].

Sonach ist die Finanzierung das eigentliche Merkmal des Kapitalismus. Darin steckt auch sein demokratisches Element, daß er allen ohne Unterschied des Standes dient, weil er an allen verdienen will. Da hätte

---

[89] Linhardt, Hanns: Drei historische Prinzipien der Finanzierung, in: Zeitschrift für die gesamte Staatswissenschaft, 112. Bd., 1956, S. 487—498.

## 2. Finanzierung

also Georg Schönberg in seiner Theorie der Wirtschaftsstufen (1865)[90] recht, wenn er drei solcher Stufen unterscheidet, die Naturalwirtschaft, die Geldwirtschaft und die Kreditwirtschaft. Dafür spricht vor allem die mit der Finanzierung seit Aufkommen des Kapitalismus auftretende, im Grunde ganz im Kredit wurzelnde und aus ihm entspringende Wirtschaftsdynamik, denn sie ist Folge, nicht Ursache des Kredits in allen seinen Formen, nun, da auch der Mittellose seine Kräfte regen, seine Fähigkeiten mit Kreditmitteln einsetzen kann und mit dem, was er zuwege bringt, den Begüterten antreibt, es ihm gleichzutun. So erst wird Wettbewerb verständlich, am deutlichsten in seiner Entartung, die alles Greifbare und Ungreifbare aus dem Haus schleppt, auf die Straße zerrt, um es im Markt auszuschlachten, wie es im 19. Jahrhundert mit den Kunstschätzen der Kirchen und Schlösser, dem Kulturgut alter Bauernhöfe durch den Handel geschah.

Markt und Wettbewerb sind eins, Finanzierung und Kapitalismus auch — beide sind identisch, alle vier sind identisch! In China füllt man Papierdrachen und Knallfrösche mit Schießpulver und feiert Neujahr mit Böllerschüssen, in Europa steht der christliche Gott bei den größten Kanonen und seit dem 15. Jahrhundert nimmt der Heerführer gegen Bezahlung Kriegsaufträge entgegen, die von Geldgebern finanziert werden; ihre Ausübung ist ein Geschäft, so wird es organisiert und durchgeführt bis in die Löhnung des letzten Söldners. Für seine Dienste erhält der Heerführer Venedigs — Colleoni, Gattamelata — ein Reiterstandbild auf hohem Sockel; der Sieger von Lepanto hat keines.

Wer bezahlte die Dienste des Söldnerführers Georg von Frundsberg? Die Fugger! Wer finanzierte den Schmalkaldischen Krieg? Die Fugger! Wer half Kaiser Maximilian I., Kaiser Karl V., Kaiser Philipp II. ihre Erblande zu schützen, ihre Krone zu gewinnen und zu verteidigen, ihre Bodenschätze zu heben, ihre Beziehungen zum Hl. Stuhl und zu auswärtigen Mächten zu pflegen und zu festigen? Die Fugger! Und was waren sie? Finanzierer. Von Dr. Martin Luther bekämpft, von Ulrich von Hutten angegriffen, von Johannes Eck, Erasmus von Rotterdam verteidigt, von Kaiser und Papst geschützt. Es gab dem Rang, der Geltung und Verbreitung nach durch zwei Jahrhunderte nicht ihresgleichen; der Art nach gab es sie, die Finanzierer, dutzendweise zu ihrer Zeit, am selben Ort und anderswo, der Art nach gab es sie auch schon zwei Jahrhunderte vor den Anfängen der Augsburger. Die Sieneser Großbank der Buonsignori ist nach langem Bestehen zu Beginn des 13. Jahrhunderts zu Grunde gegangen[91]; nach heutigen Begriffen war sie mehr

---

[90] Schönberg, Georg: Theorie der Wirtschaftsstufen, s. Plenge, Johann: Wirtschaftsstufen und Wirtschaftsentwicklung, in: Annalen für Soziale Politik und Gesetzgebung, 4. Bd., 5. und 6. Heft, Berlin 1916.
[91] Lopez, Robert, S. und Raymond, Irving W.: a.a.O.

Finanzierungs- als Bankinstitut. Lucca und Siena kannten im 10. bis 12. Jahrhundert ähnliche Institute, auch Amalfi und Palermo, ehe Florenz und Genua im Waren- und Geldhandel bedeutend wurden, ehe Verona und Mantua, Mailand und Venedig folgen konnten. Die Privatbanken, die an den zuletzt genannten Plätzen entstanden, oftmals vor den später vom Rat der Stadtrepublik gegründeten, öffentlich verwalteten und mit dem Staatshaushalt eng verknüpften Staatsbanken (wie im Fall von Genua und Venedig) waren Getreide-, Gewürz-, Öl- und Weinhändler, Seiden- und Barchentweber, Schiffseigentümer, Frachtführer und Verleger. Was sie als Privatbanken trieben, war mehr das Finanzgeschäft als das eigentliche Bankgeschäft; sie nahmen Geldeinlagen „auf Verlag", wie es auf deutsch seit dem 14./15. Jahrhundert hieß, und zahlten dafür einen Zins, der seiner Höhe wie der Herkunft nach dem Gewinn aus Beteiligungen entsprach. Ihre Einleger waren Hunderte und Tausende, sie reichten von kleinsten Beträgen bis zu hohen Summen, sie umfaßten Dienstboten und Taglöhner, hohe Standespersonen des Adels und der Geistlichkeit; sie alle drängten danach, „Geleger" zu werden; für sie mußte umfangreich und genau Buch geführt und Rechnung gelegt werden. Die Diskretion, mit der dies geschah, umgab die Finanzierer mit dem Hauch des Geheimnisses und machte ihre Geschäfte schon deshalb verdächtig. Während die Einlagen vornehmlich am Ort erfolgten, fand die Ausleihung auf weiteste Entfernung und hauptsächlich an Fürsten in größeren Summen und gegen Verpfändung von Einnahmequellen, Überlassung von Nutzungs- und Ausbeuterechten, Übertragung von Titeln und Privilegien statt.

Aber der Ursprung des Bankgeschäfts und die Abzweigung der Finanzierung ist vielfältig und vergeblich suchen die Historiker nach dem eindeutigen, wirklich ursprünglichen und allerersten Anfang, sei es aus der Schiffahrt, dem Fernhandel, der Grundrente, dem Verlag, der Annahme von Einlagen, dem Münz- und Wechselhandel. „Di tutti un poco" mag wohl die plausibelste, wenn auch nicht die eleganteste Erklärung sein, wobei zwei Quellflüsse sich unterscheiden lassen: der Zahlungsverkehr, angefangen beim Münztausch und Geldwechsel erst lokal, dann interlokal und das Einlagengeschäft, verbunden mit der Ausleihung auf Gewinn, erst lokal, dann interlokal[92].

Von Konrad Groß wußte die Nürnberger Lokalgeschichte seit jeher, daß er als einflußreicher Fernkaufmann, als Reichsschultheiß und Armenpfleger, als Begründer des heute noch bestehenden, nach der Kriegs-

---

[92] Usher, Abbott Payson: The Early History of Deposit Banking in Mediterranean Europe, Harvard Economic Studies, Cambridge, Mass. 1943; Roover, Raymond de: L'Evolution de la Lettre de Change, XIV—XVIII siècles, Paris 1953; ders.: The Rise and Decline of the Medici Bank, 1397—1494, Harvard Studies in Business History, Bd. 21, Cambridge, Mass. 1963.

zerstörung im Januar 1945 wieder erstandenen Heilig-Geist-Spitals mit Kirche und Altersheim — den strengen Vorschriften der Zeit gemäß am Fluß (Pegnitz) erbaut — aus dem Jahr 1333, berühmt war, aber erst die neuere Forschung entdeckte in ihm den Finanzier von Kaiser Ludwig dem Bayern (1314—1347), dem Begründer der Wittelsbacher Hausmacht[93]. Ohne Konrad Groß, der seine Finanzmittel — eigene und fremde, private und öffentliche, darunter wohl auch die der Reichsstadt Nürnberg — zu Gunsten Ludwigs ins Feld führte, wäre die Entscheidungsschlacht gegen Friedrich den Schönen nicht geschlagen und gegen Habsburg entschieden worden, der tapfere Reiterhauptmann Schweppermann wäre um seinen Soldatenruhm gekommen.

Will man historischen Entscheidungen auf die Spur kommen, so wird es noch lange lohnend sein, ihre Finanzierer aufzuspüren; es mag zutreffender wenn auch prosaischer sein, als die bedeutsame Frau hinter den Leistungen großer Männer zu suchen. Die modernen (Wirtschafts-) Historiker Fritz Rörig, Bruno Kuske, Hermann Kellenbenz, Götz v. Pölnitz haben auf diesem Weg erfolgreich geforscht und bedeutsames Quellenmaterial ans Licht und ins rechte Verhältnis gebracht, wenn sie es aus der Lokalgeschichte heraushoben.

Zahlreiche Monographien beleuchten den Lebensweg großer Finanzierer, aber die Universalgeschichte der Finanzierung ist noch nicht geschrieben, die der privaten Unternehmung noch weniger, denn sie setzt erst viel später ein und ist nicht so spektakulär wie Leben und Schicksal der großen Künstler der Staatsfinanzen, etwa eines Sully (1560—1641), John Law (1671—1729), Necker (1732—1804), Alexander Hamilton (1757—1804). Von den Finanzministern der Könige Frankreichs wissen wir, daß die wenigsten ehrenvoll abgingen und eines natürlichen Todes starben, mochten es nun Italiener gewesen sein, wie die meisten des 14. bis 16. Jahrhunderts, oder Franzosen wie die folgenden, Adelige oder Bürgerliche; manche fielen in Ungnade, weil sie ihrem König nicht genug Geld für Krieg und Pracht gewannen, wie Colbert unter Ludwig XIV. am Ende einer ruhmreichen Laufbahn als Handels-, zuletzt als Finanzminister, oder Necker, den Ludwig XVI. in Ungnade entließ und unter dem Druck der öffentlichen Meinung und der verschlimmerten Finanzlage zurückrufen mußte. Das Volk, das ihn erkannte, spannte die Pferde aus und führte ihn im Triumph nach Paris — ein ungewöhnliches, wenn auch nicht voll verdientes Schicksal![94] Nicht minder unverdient in Glanz

---

[93] Schultheiß, Werner: Konrad Groß, in: Nürnberger Gestalten aus neun Jahrhunderten. Ein Heimatbuch zur 900-Jahrfeier der ersten urkundlichen Erwähnung Nürnbergs, hrsg. vom Stadtrat zu Nürnberg, Nürnberg 1950, S. 16—20.

[94] Bresson, Jacques: a.a.O.

und Bewunderung, in Elend und Verfolgung ist das wechselvolle Schicksal John Laws auf englischem wie auf französischem Boden[95], dort unmittelbar nach dem Tod von Ludwig XIV. (1715) unter der Regentschaft Philipps von Orleans. Wer sich von Law's Gründungen und Finanzmethoden strikt fern hielt, war der Bankier Paris Duverney, Gönner von Beaumarchais[96].

Man mag es als Schwarzweißmalerei bezeichnen, wenn der Konfession und der Nationalität soviel Bedeutung beigemessen wird, daß dadurch die Form der Finanzverwaltung der Staaten bestimmt worden sein soll. In größtem Umfang trifft das für die Nationalität im hohen Mittelalter bei den im Ausland, vor allem in Frankreich und England tätigen Italienern zu, für die Konfession im 16. und 17. Jahrhundert. Hier galten vor allem die Reformierten als gewiegte Finanzleute — wer möchte die oben genannten Sully und Necker übersehen, beide reformiert, beide aus Genf, dem Geburtsort Calvins — und Rousseaus. Richelieu stellte unentwegt seinen Landsleuten — Adligen und Bürgerlichen — das Vorbild der Holländer in Wirtschafts- und Finanzsachen vor Augen. Er mahnte den französischen Adel, sich in Schiffahrt und Handel, im Überseegeschäft kommerziell zu betätigen oder wenigstens finanziell zu beteiligen, wie dies die Holländer taten. Das Beispiel Spaniens mit seinen königlichen Kolonialgesellschaften und deren nicht nur schwerfälliger und kostspieliger, sondern auch sonst nicht musterhafter Verwaltung fand weder bei Holländern noch bei Engländern Nachahmung. Hier hatten die Bürgerlichen etwas grundlegend Neues geschaffen: die Selbstverwaltung der wirtschaftlichen Korporation mit weitläufigem Handel, eigener Finanzierung — Vorschule der kapitalistischen Großunternehmung. Es war eine Schöpfung des bürgerlichen Protestantismus im Kampf gegen das aristokratisch-katholische Spanien und Frankreich. Die Reformationszeit selbst brachte Gestalten hervor, die dem alten Glauben und der neuen Finanzierungsweise zugetan waren, wie Lazarus Tucher, der gebürtige Nürnberger Agent des Fuggerhauses in Antwerpen, oder Hans Kleberger, vorwiegend für Frankreich unter Franz I. in Lyon tätiger Finanzagent, mit seiner Vaterstadt entzweit, in Lyon jedoch als „der gute Deutsche" bezeichnet, oder solche, die sich zur neuen Religion bekannten wie Thomas Gresham, Finanzagent mehrerer Könige und der Königin Elisabeth (gest. 1603) in Amsterdam, wo er mehrfach Anleihen für die englische Krone unterbrachte.

---

[95] Kerschagl, Richard: John Law. Die Erfindung der modernen Banknote, Wien 1956; Gaxotte, Pierre: Ludwig XIV. (La France de Louis XIV). Frankreichs Aufstieg in Europa (übertr. ins Deutsche von H. Jobst), München o. J. (1951).

[96] Frischauer, Paul: Beaumarchais. Wegbereiter der großen Revolution, Hamburg 1961.

Die moderne Analyse der Finanzierung und ihrer Funktion wird gut tun und hat bereits manches daran getan, zwischen dem objektiven Tatbestand der Finanzierung und den subjektiven Erfordernissen und Merkmalen ihrer persönlichen Träger zu unterscheiden. In objektiver Hinsicht setzt die Finanzierung die Unternehmung als Gegebenheit voraus, aber auch den von ihr aufgestellten Investitions- und Finanzplan, verbunden mit einer Reihe von Teilplänen, die sich aus bestimmten Unternehmungsfunktionen wie Fertigung, Beschaffung, Absatz, Werbung u. a. ergeben. Hinzu kommen die speziellen Methoden der Durchführung und der Kontrolle. Darin manifestiert sich die objektivierte Finanzierungsaufgabe. In subjektiver Hinsicht verlangt die Finanzierungsfunktion von ihrem persönlichen Träger mehr als bloß kaufmännische Überlegungen und Entscheidungen, vor allem erfordert sie Vision ohne Illusion, also klares Vorstellungsvermögen und sichere Urteilskraft über Entwicklungen und Erfolgsaussichten wirtschaftlicher Projekte, ungetrübt durch irrige Spekulationen und unbegründete Erwartungen, Schwung ohne Überschwang, Elan ohne Leichtsinn, Initiative ohne Übermut. Das sind auch unter tüchtigen Kaufleuten seltene Gaben.

Zur neueren Literatur auf dem Finanzierungsgebiet zählen die einschlägigen Veröffentlichungen von K. Hax, H. Rittershausen, P. Deutsch, H. Albach, H. Koch neben den älteren von E. Schmalenbach, W. Prion, E. Walb, W. Kalveram. Von den einschlägigen Schülerarbeiten des Verf. dürfen genannt werden die in Münster erschienenen Dissertationen von I. Sielmann, I. Bergschneider, F. Leder (1931—38), die in Berlin an der Freien Universität erschienenen Dissertationen von H. G. Merkel, K. Thomas, H. Pastuszek (1953—57), die Nürnberger Dissertationen von J. Heinze, H. Küspert, R. Nowak, G. Pöhlmann, H. Krämer (1958—64).

## 3. Koordinierung

Von den in diesem Abschnitt behandelten Funktionsbegriffen der Investierung, Finanzierung und Koordinierung ist der jetzt zu behandelnde zweifellos der jüngste. Er tritt erst mit dem Wachstum der Märkte, der Ausdehnung der Betriebe nach Zahl und Umfang und der Erweiterung der Unternehmungen auf. Im Gefolge dieser Entwicklungstatsachen und Wachstumserscheinungen zeigen sich die aus der Biologie bekannten und in die Soziologie übernommenen Vorgänge der Differenzierung und Integrierung. Je differenzierter ein Organismus ist, um so höher ist der Grad der Integrierung; während bei niederen Lebewesen ein Zentralorgan zur Lenkung aller Lebensfunktionen fehlt, tritt bei den höheren Lebewesen das Gehirn als zentrales Lenkungs- und Willenszentrum in Funktion, bei der Ameise wie beim Elefanten.

Die Unternehmung schafft sich ein künstliches Zentralorgan. Dazu bedarf es der übersichtlichen Zusammenfassung ihrer Teile. Für diese neuartige Funktion hat sich, insbesondere in der neueren amerikanischen Fachliteratur, der Begriff der Koordinierung durchgesetzt. Die Sache selbst entstand erst mit der bei wachsender Betriebsgröße eintretenden Abteilungsgliederung und Funktionsteilung, verbunden mit formaler Organisation, schriftlichen Dienstvorschriften, speziellen Arbeitsanweisungen und der Delegation von Leitungsfunktionen. Erst in Verbindung damit entsteht der Fachbegriff der Koordinierung. Sie selbst beginnt mit der Analyse der Betriebshierarchie, der Umschreibung der einzelnen Kompetenzen; sie erfordert die Klärung und Festlegung der Kommunikationswege und die Schaffung besonderer Informationsquellen und geeigneter Stellen zur Sichtung, Weiterleitung und Auswertung.

Mit der Kommunikation eng verbunden ist das schon früher in der Organisationslehre erkannte Prinzip der Schriftlichkeit, der Gebrauch von Durchschriften und Vervielfältigungen, die Anwendung von Formularen, Aktennotizen und Meldezetteln gerade da, wo das Prinzip der Schriftlichkeit sich erst sehr spät durchzusetzen vermochte und bis dahin Organisationslücken und Mängel zu beheben blieben, in der Werkstatt, im Lager, in der Expedition. Nicht umsonst ist vom „Schema F", von „blue-print" so häufig die Rede, einerseits weil die Organisation überall Fuß faßt, anderseits weil die informale, die am Menschen samt seinen Gewohnheiten hängt, nicht ohne Kampf von der formalen Organisation an immer mehr Stellen verdrängt wird. Die Information im Dienst einer modernen Unternehmensführung ist auf Erschließung neuer Quellen angewiesen und diese Quellen werden sofort einem komplizierten Leitungssystem zur „Berieselung" der Exekutive zugeführt und zugleich gesichtet, geordnet und ausgewertet.

Von der Gegenwart aus, in der der Begriff der Koordinierung erst entstanden ist, lohnt sich ein historischer Rückblick auf frühere Leitungsformen und Kompetenzabgrenzungen. Dadurch dürfte auch erreicht werden, dem Grundproblem der Form die gebührende, gegenwärtig allzusehr versagte Beachtung zu schenken, wie es der Nationalökonom und Soziologe Johann Plenge, einer der bedeutendsten Mitbegründer der Organisationslehre, richtig gesehen und unablässig vor Augen gestellt hat. Schon in seiner Antrittsvorlesung[98] (1903) weist er auf das

---

[97] Vgl. Meyer, Carl W.: Die Koordination von Unternehmung und Markt. Ein systematischer Grundriß, Vertriebswirtschaftliche Abhandlungen des Instituts für industrielle Verbrauchsforschung und Vertriebsmethoden der Technischen Universität Berlin, hrsg. v. O. R. Schnutenhaus, Heft 3, Berlin 1959.

[98] Plenge, Johann: Das System der Verkehrswirtschaft, Tübingen 1903, abgedruckt in Plenge-Linhardt: Das System der Verkehrswirtschaft, Tübingen 1964.

Formproblem in der Verkehrswirtschaft hin und versucht, das Verhältnis zwischen dem Ganzen und seinen Teilen durch eine Entwicklungsformel und eine Zustandsformel zu erfassen, wobei ihn die ständige Formveränderung veranlaßt, eine anpassungsfähige, elastische, dynamische Entwicklungsformel zu suchen, die den Wirtschaftswandlungen gerecht wird, „denn die Wirtschaftsformen entstehen und vergehen in rasend schneller Veränderung, und der Lebensprozeß unserer Wirtschaftsgesellschaft wird in rascher Folge durch Krisen erschüttert: so kann es scheinen, daß weder in den Formen noch in den Vorgängen irgendwelche Gleichmäßigkeit besteht. Doch das innere Konstruktionsprinzip der Unternehmensformen ist im Wechsel dasselbe und der Grundcharakter der verkehrsmäßig ineinandergreifenden Wirtschaftsverlaufe ist trotz all der großen Unruhe identisch" (System der Verkehrswirtschaft, S. 15). Auf das Formproblem und die Tatsache seiner Vernachlässigung ist eindringlich in der Festschrift zum 85. Geburtstag von Wilhelm Rieger hingewiesen worden[99].

Noch vor fünfzig und hundert Jahren bestand kaum eine berufliche oder funktionale Teilung zwischen dem Kaufmann und dem Ingenieur. Die Ausbildungsstätten des akademischen Ingenieurs, Kinder der Französischen Revolution[100], sind hundert Jahre älter als diejenigen des akademischen Kaufmanns. War der Unternehmensleiter von Haus aus Ingenieur, so übernahm er gleichzeitig die kaufmännische Verwaltung. In gewissem Umfang gilt dies auch umgekehrt. Innerhalb der kaufmännischen Verwaltung bestand vor Jahrzehnten auch in vergleichsweise größeren Unternehmen keine Trennung zwischen dem Einkaufsleiter und dem Verkaufsleiter, zwischen der Absatzorganisation und der Werbeorganisation.

Würde ein historischer Rückblick auf die Grundelemente der Unternehmensleitung und die heutigen Erfordernisse der Koordinierung nichts anderes liefern als die Erschließung einer ehemals beim Kaufmann vorhandenen, von keiner Seite bestrittenen Vorrangstellung, so würde dies dem heutigen akademischen Betriebswirt gewiß dazu dienen, seine wenn

---

[99] Linhardt, Hanns: Weder Begriffsrigorismus noch Begriffsanarchismus in der Objektbestimmung!, in: Der Betrieb in der Unternehmung. Festschrift für Wilhelm Rieger zu seinem 85. Geburtstag, hrsg. v. J. Fettel und H. Linhardt, Stuttgart 1963, S. 27—67.

[100] Linhardt, Hanns: Die Nachbarwissenschaften der Betriebswirtschaftslehre, gesehen unter den Auspizien der Trinität von Markt, Unternehmung und Betrieb, in: Betriebswirtschaftslehre und Wirtschaftspraxis. Festschrift für Konrad Mellerowicz, hrsg. v. H. Schwarz und K. H. Berger, Berlin 1961, S. 229—245; ders.: Volkswirtschaftliche Lehrmeinungen über die Betriebswirtschaftslehre, in: Festgabe für Friedrich Bülow zum 70. Geburtstag, hrsg. v. O. Stammer und K. C. Thalheim, Berlin 1960, S. 237—255; ders.: Angriff und Abwehr im Kampf um die Betriebswirtschaftslehre, Betriebswirtschaftliche Schriften, Heft 11, Berlin 1963.

auch nicht mehr bestrittene, aber auch nicht unumwunden anerkannte Position gegenüber dem Volkswirt, Juristen und Techniker, neuerdings auch gegenüber dem Sozialwirt, Soziologen und Psychologen zu stärken. Eine solche Wirkung soll sicherlich nicht dazu dienen, persönliche Eitelkeiten zu kultivieren und Gehaltsforderungen zu unterstützen, sondern dazu, sachliche Erfordernisse zu klären und durchzusetzen. Aber der akademische Betriebswirt hat außerdem berechtigte Erbansprüche an die wirtschaftliche Vergangenheit, wie sie sich aus der Entstehung des Rechnungswesens, der Entwicklung des modernen Zahlungsverkehrs und seiner Instrumente, aus der Gestaltung des Vertragswerkes im weitesten Sinn ergeben; er hat vor und neben verwandten Wissenschaftsdisziplinen den originären Anspruch auf den historischen Anschluß an Kameralismus und Merkantilismus, überhaupt an die Prinzipien und Methoden der wirtschaftlichen Ratio von Jacques Savary und seinen Vorläufern bis Frederic Winslow Taylor und seinen Epigonen.

Im Kaufmännischen laufen heute die Fäden aus allen Richtungen zusammen; sie kommen aus weiter Entfernung und sind vielfach bereits wissenschaftlich geknüpft. Während noch vor hundert Jahren und in den vorhergehenden fünfhundert Jahren das Kaufmännische alles umfaßte, alles enthielt, alles bedeutete, ist es heute von zahlreichen Hilfsdisziplinen getragen und gestützt und bedarf der Besinnung auf den eigentlichen Kern. Noch im 18. Jahrhundert herrschte die Bezeichnung Handlungswissenschaft und ihre Vertreter an privaten Schulen und Universitäten nannte man Handelsakademiker. Dies entsprach noch dem umfassenden Begriff der Handlung, in der alle kaufmännischen Funktionen so zusammengefaßt waren, wie es vornehmlich dem Handel entsprach und der Handel dominierte gegenüber der Manufaktur, dem Transport und Verkehr, ehe die Industrie, zumal die Produktionsmittel- und die Schwerindustrie, ins Leben trat. Vom Begriff der Handelsunternehmung stammen noch die alten, heute gebräuchlichen und im HGB enthaltenen Begriffe Handlungsgehilfe, Handlungsvollmacht, Handlungsreisender.

Was ehedem in der Hand des Prinzipals, des Chefs[101] im wörtlichen Sinn lag und von ihm auf Grund persönlichen Vertrauens an wenige seiner Mitarbeiter übertragen wurde, was noch in den Großfirmen der Krupp, Stinnes, Schichau und Borsig, aber auch noch der Vanderbilt, Astor, Harriman, ja selbst noch der Mellon, Rockefeller und Ford einen durchaus persönlichen Unternehmungs-, Verwaltungs- und Leitungsstil[102] ausmachte, ist heute verschwunden und durch Apparaturen ersetzt.

---

[101] Vgl. Linhardt, Hanns: Chefinformation, in: Betriebswirtschaftliche Forschung und Praxis, 9. Jg., 1957, S. 257—267.
[102] Vgl. Bechtel, Heinrich: Wirtschaftsstil des deutschen Spätmittelalters. Der Ausdruck der Lebensform in Wirtschaft, Gesellschaftsaufbau und Kunst,

## 3. Koordinierung

Nicht als ob früher „der Alte" alles allein gemacht hätte, wohl aber in dem Sinn, daß der persönliche Firmeninhaber seine Entscheidungen im persönlichen Kontakt mit seinen Mitarbeitern, auch noch nach unmittelbarem Augenschein im Betrieb und auf Grund eigener Kenntnis der Betriebsvorgänge und ihrer persönlichen Träger getroffen hat. Dieser Kontakt und diese Entscheidungsform aus der unmittelbaren Anschauung und dem unmittelbaren Gespräch sind heute verdrängt durch die Apparatur optischer, akustischer, elektronischer Geräte, die mechanische Vervielfältigung, mikroskopische Verkleinerung, optische Wiedergabe, durch die automatische Datengewinnung und Datenverarbeitung, wie sie unter den neueren Stichworten der Dokumentation, Automation, Kommunikation, der Instrumentarisierung und Institutionalisierung verstanden werden.

Nicht zufällig hat sich für die synthetische Unternehmensleitung aus der Zusammenfassung vieler Köpfe, die dennoch eines Sinnes werden sollen, der Ausdruck „team" beziehungsweise „teamwork" durchgesetzt. Der Ursprung dieses Ausdruckes liegt im Gespann, d. h. in der Koordinierung geeigneter Zugtiere vor Pflug und Wagen. Eine alte Redensart sagt, man könne nicht eine alte Kuh und einen feurigen Araberhengst vor den Pflug spannen. Der Stolz des Adeligen vor Erfindung des Autos war das Pferd, sei es Zugpferd, Reitpferd oder Rennpferd. Noch im Wiener Fiakerlied ist dieser ins Bürgerlich-Alltägliche abgeglittene Stolz erkennbar, wo von den zwei Rappen gesungen wird.

Zur Überwindung der Mechanisierung des Geistes (inzwischen seit Hugo Münsterberg und Walter Rathenau eine stehende Redensart geworden), der Abstumpfung der Initiative und zur Erhaltung persönlicher Antriebe bedarf es gegenwärtig eines neuen Unternehmungsorganes, eines neuen menschlichen Trägers für dieses Organ und einer neuartigen Betriebsfunktion, eben der Koordinierung. Deutlich wird dies in dem amerikanischen Fachbegriff vom „brain trust" erkennbar, der sicherlich eher in der Großindustrie, wie General Motors, entwickelt war, ehe er unter der Roosevelt-Administration eine Anwendung in der öffentlichen Verwaltung fand, gar in der scherzhaften Zweideutigkeit, die „brain truster" teils als Angehörige eines solchen Führungsgremiums, teils als diejenigen verstand, die einer solchen Einrichtung vertrauten. Der brain trust im Großunternehmen wie in der zentralen Staatsverwaltung ist der Ausdruck der Leitungsspitze. Sie hat die Aufgabe, den „departmental spirit"

---

von 1350 bis um 1500, München-Leipzig 1930; Müller-Armack, Alfred: Genealogie der Wirtschaftsstile. Die geistesgeschichtlichen Ursprünge der Staats- und Wirtschaftsformen bis zum Ausgang des 18. Jahrhunderts, 3. Aufl., Stuttgart 1944; Myers, Gustavus: History of the Great American Fortunes, New York 1906, deutsch mit einem Vorwort von Max Schippel: Die Entstehung der großen amerikanischen Vermögen, 2 Bde., Berlin 1916.

zu überwinden. Ihre Spitze wiederum ist der Coordinator. Durch ihn soll das Ganze vor dem Überwuchern und Auseinanderfallen bewahrt, sollen zugleich die Teile lebendig gehalten und auf das Ganze gerichtet werden. Der Coordinator ist der General oder wenigstens der Generalstäbler unter den Führungskräften. Der General ist seinem Namen nach für das Allgemeine da, so wie der Korporal dem Namen nach für die körperliche Züchtigung des einfachen Soldaten. Der Generalstab in der modernen Wehrmacht ist das oberste Führungsinstrument der aus verschiedenen Waffengattungen bestehenden, in verschiedene Einheiten gegliederten Truppe, wobei die kämpfende Truppe immer mehr der Ergänzung durch technische Einheiten, Nachrichtentruppen bedarf. Wo aber das Allgemeine seine Beachtung verlangt, gewinnt die Wissenschaft immer mehr an Umfang, auch in der Wirtschaftspraxis. In diesem Sinne gilt der Ausspruch des berühmten französischen Mathematikers Poincaré: „La science, c'est le général".

Neuerdings widmet sich das auf allen Kultur- und Wissenschaftsgebieten erstarkte Geschichtsbewußtsein der Amerikaner der Erforschung der Unternehmungsgeschichte. Dies geschieht insbesondere in den neu errichteten „Institutes of Enterpreneurial History" an der Columbia University, New York, und der Harvard University, Cambridge, Mass.[103]. Diese historische Betrachtung bildet eine geisteswissenschaftlich wertvolle, weil vor der technischen Perfektion bewahrende Ergänzung der Spezialuntersuchungen über das Management im Allgemeinen, über Business Management, Financial Management, Top Management im besonderen. Eine historische Untersuchung der hier nur angedeuteten verschiedenen Leitungsformen zum Unterschied von den üblichen, betont rechtswissenschaftlichen Unterscheidungen der Unternehmungsformen ist nicht nur für den historisch interessierten Betriebswirt und den betriebswirtschaftlich informierten Historiker reizvoll, sondern für die sozialen, psychologischen und organisatorischen Elemente und Variationen der Leitungsformen höchst aufschlußreich. Die sog. Versachlichung und Entpersönlichung, wie sie Werner Sombart[104] beschreibt, würde hierdurch nicht etwa als durchgängige Tendenz des ganzen Wirtschaftslebens neu bestätigt, sondern als Formprinzip der Unternehmung und als Gestaltidee der Unternehmungsführung erst erschlossen. Auch in der neuerlichen Anwendung der sog. Fallmethode (case method) wie sie an der Harvard University zuerst und dort im Anschluß an die Fallmethode der Law School entwickelt worden ist, zeigt sich

---

[103] Redlich Fritz: The Molding of American Banking, Men and Ideas, Teil I und II, History of American Business Leaders, A Series of Studies, Bd. 2, New York 1951.

[104] Sombart, Werner: Der moderne Kapitalismus, 1. und 2. Bd. Leipzig 1902, 3. Bd. Leipzig 1927.

## 3. Koordinierung

eine neue Art der Auseinandersetzung mit dem Formproblem. Denn überall tritt bei der Befassung mit konkreten Einzelfällen das Formproblem zutage, nicht nur in der verschiedenen Größe und Gliederung des Betriebes, sondern auch in den gegebenen Funktionen und der Art ihrer Kombination.

Aus der Geschichte der ältesten oberitalienischen und oberdeutschen Handelsgesellschaften und der norddeutschen Hanse, aus der Geschichte der ältesten Aktiengesellschaften seit Beginn des 17. Jahrhunderts — damals schlechthin Kompanien genannt — kennen wir den zähen Kampf der Unternehmungsgründer, sei es als Alleininhaber oder als Mitglied größerer Führungsgremien, um die Erhaltung ihres Besitzes, ihres Einflusses und ihrer Macht, um die Sicherung ihres wirtschaftlichen Erbes durch die Einbeziehung, zugleich aber Machtbegrenzung ihrer Brüder, Söhne und Vettern, durch deren Beaufsichtigung seitens des Regierers und schließlich durch die Beauftragung ihrer Gehilfen. Eindrucksvoll treten diese Tatbestände in den neueren Fugger-Forschungen zutage[105]. Es war ein weiter Weg von der Alleinherrschaft eines Jakob Fugger bis zur Einsetzung von Anton Fugger und der Heranziehung seiner Neffen. Hier zeichnet sich die Funktionsteilung innerhalb der Familie, zugleich aber auch die Funktionsteilung an den Außenstellen und in der inneren Verwaltung ab, wie sie in den Namen der Faktoren, vor allem des Leiters der Hauptbuchhaltung Matthias Schwarz des Fugger-Hauses und seiner gehobenen Stellung zum Ausdruck kommt. Die Gesellschaftsverträge dieses Hauses und anderer Handelsgesellschaften des 15. und noch mehr des 16. Jahrhunderts bringen die Ablösung der vorher bestehenden Alleinherrschaft des Prinzipals, ermöglicht durch Funktionsteilung, Kompetenzabgrenzung, nicht zuletzt durch eine genaue Abrechnung über Kapital und Gewinn.

Die Betriebsgeschichte der ältesten deutschen Unternehmungen harrt noch der systematischen Auswertung nach den leitenden Gesichtspunkten, wie sie der Handelsgesellschaft nach HGB zu Grunde liegen, den Gesichtspunkten der Geschäftsführung, der Kapitalaufbringung und der Haftung, ergänzt durch diejenigen der Rechnungsführung und des Rechnungsabschlusses, der Vertragsgestaltung nach innen und außen. Weniger erforscht als die Anfänge der modernen kapitalistischen Unternehmung sind die Formen und Abarten der Personengesellschaften des 17. und 18. Jahrhunderts, einer Zeit also, in der es noch kein kodifiziertes Handelsrecht gab. Im deutschen Sprachbereich ist erst im Jahre 1956 die Zeitschrift „Tradition, Zeitschrift für Firmengeschichte und Unter-

---

[105] v. Pölnitz, Götz: Jakob Fugger, Kaiser, Kirche und Kapital in der oberdeutschen Renaissance, Tübingen 1949; ders.: Jakob Fugger. Quellen und Erläuterungen, Tübingen 1951; ders.: Anton Fugger, Bd. 1: 1453—1535, Bd. 2: 1536—1548 (Teil I: 1536—1543), Tübingen 1958 und 1963.

nehmerbiographie" gegründet worden, an deren Herausgabe neben Archivaren und Museumsdirektoren Dr. E. Hieke, Leiter der Wirtschaftsgeschichtlichen Forschungsstelle e. V. Hamburg mitwirkt.

Das menschliche Element, ähnlich wie in der Kirchengeschichte vorwiegend negativ als Ausdruck der Unzulänglichkeit und Hinfälligkeit, als Störungsfaktor verstanden, erfährt in der Gegenwart eine von der Soziologie und Psychologie getragene, in der Betriebswirtschaftslehre aufgegriffene positive Würdigung, wie sie in den einschlägigen Schriften von R. Seyffert, E. Lysinski, in der Wirtschaftspädagogik (Schlieper, Abraham, W. Löbner, A. Dörschel u. a.) zum Ausdruck kommt, wie sie in der Praxis durch die Beziehungspflege (Human Relations, Industrial Relations, Public Relations) sich niederschlägt[106].

Die historische Komponente neuer Wirtschaftszweige wie der Film-, Radio-, Schallplattenindustrie, des Versandhauses, der Kühltechnik, des Supermarktes ist hier nicht zu untersuchen, obwohl dabei neuartige Kombinationen betrieblicher Funktionen auftreten und neue Schwerpunkte und Probleme der Koordinierung entstehen, die klar machen, daß es weniger um die Funktion selbst als um ihre Verknüpfung, weniger um die Faktoren als um ihre Kombination geht. Hieraus dürfte die weitere Einsicht zu gewinnen sein, daß die sog. funktionale Betrachtungsweise der Betriebswirtschaftslehre sich nicht von der traditionellen Unterscheidung in die allgemeine und in eine Reihe spezieller Betriebslehren abwenden kann, denn in den speziellen Betriebslehren sind überall die gleichen Grundfunktionen gegeben. Was sie unterscheidet, ist die Art ihrer Verknüpfung. Es geht um die gleichen Faktoren. Was die speziellen Betriebslehren unterscheidet, ist die Art ihrer Kombination[107]. In den neuesten Wirtschaftszweigen, wie sie eben genannt wurden, und in den neuesten Betriebsformen, wie dem Selbstbedienungsladen, Großversandhaus und dem Supermarkt, liegt eher ein Bruch mit der Tradition und der historischen Vergangenheit als eine organisatorische Fortentwicklung vor, wie sie sich sonst zumeist im Einzelhandel erhalten konnte. So wenig das Automobil eine Fortentwicklung der Pferdekutsche, das Flugzeug eine Fortentwicklung des Automobils ist, so wenig wird man den Supermarkt als eine bloße Verbesserung des traditionellen Einzelhandelsbetriebes bezeichnen können. Das Großversandhaus ist in seiner

---

[106] Vgl. hierzu v. Mises, Ludwig: Human Action. A Treatise on Economics, New Haven 1949; Buchbesprechung von Linhardt, Hanns in: Betriebswirtschaftliche Forschung und Praxis, 3. Jg., 1951, S. 151—162.

[107] Vgl. Buchbesprechung von Linhardt, Hanns über: Gutenberg, Erich: Grundlagen der Betriebswirtschaftslehre, I. Bd.: Die Produktion, II. Bd.: Der Absatz, Berlin-Göttingen-Heidelberg 1951 und 1955, in: Schmollers Jahrbuch, 72. Jg., 1952, II. Halbband, S. 755—758, und 75. Jg., 1955, II. Halbband, S. 740—744.

## 3. Koordinierung

Organisation, in der Bewältigung eines einzigen Tagesumsatzes etwas durchaus Neuartiges und dies nicht, weil vorher Post und Eisenbahn und die Buchdruckerkunst erfunden werden mußten, sondern wiederum in der Art der Funktionsverknüpfung und der Faktorkombination.

Die heutige Lebens- und Wirtschaftsordnung weist Wohnzentren bis zu 50 000 Menschen unter einem Dach, Beschäftigtenziffern bis zu 500 000 Personen in einem einzigen Industriekonzern auf. In diesen Zusammenballungen sind technische Einrichtungen mit Lebensformen kombiniert, die ohne historisches Vorbild entstanden sind. Sie haben soziale Umwälzungen im Verhältnis zwischen Herr und Diener, Herrschaft und Dienstboten, Arbeitgeber und Arbeitnehmer mit sich gebracht und frühere Lebens- und Betriebsformen überwunden oder verdrängt. Wenn auch die Antike Millionenstädte gekannt und die technischen Probleme der Frischwasserversorgung, Behausung, Straßenführung gelöst hat, so gibt es keinen Vergleich zu solchen Menschenagglomerationen wie in London, New York, Tokio, Yokohama, Buenos Aires[108]. Eine solche Massierung wäre schlechterdings unmöglich ohne die Neutralisierung des wirtschaftlichen Verkehrs durch das Geld. Diese sozio-politische Funktion des Geldes ist auch in seiner philosophischen Würdigung wie bei Georg Simmel[109] oder in seiner historischen Würdigung wie bei B. Laum, W. Gerloff, Cunow u. a. nicht beobachtet. Ohne sie, so überraschend diese Feststellung auch wirken mag, wäre eine Menschenanhäufung von 5 bis 10 Mill. an einem Ort trotz Verkehrs- und Versorgungsnetz schlechterdings unmöglich — auch in Moskau! Aus der engen Berührung mit der betrieblichen Umwelt entspringen diejenigen Kontakte, die die Koordinierung nach außen zu pflegen haben; sie werden nicht vom Coordinator, sondern vom contactman im Rahmen der Public Relations behandelt.

---

[108] Vgl. Linhardt, Hanns: Der Einfluß des technischen Fortschritts auf den Markt, in: Jahrbuch der Absatz- und Verbrauchsforschung, 6. Jg., 1960, H. 1, S. 10—27; ders.: Die Unternehmung im Wandel von Geld und Währung, in: Gestaltwandel der Unternehmung. Nürnberger Hochschulwoche 16. bis 20. 9. 1953, Nürnberger Abhandlungen, H. 4, Berlin 1954, S. 185—206; ders.: Drei historische Prinzipien der Finanzierung, in: Zeitschrift für die gesamte Staatswissenschaft, 112. Bd., 1956, S. 487—498.
[109] Simmel, Georg: Philosophie des Geldes, 6. Aufl., Berlin 1958, Gesammelte Werke von G. Simmel, 1. Bd.

# VIII. Universalgeschichte — Sozial- und Wirtschaftsgeschichte — Kultur- und Zeitgeschichte

## 1. Universalgeschichte

„Was heißt und zu welchem Ende studiert man Universalgeschichte?" lautete das Thema der Antrittsvorlesung von Prof. Friedrich Schiller an der Universität Jena 1789. Über seine „Geschichte des Dreißigjährigen Krieges" und die „Geschichte des Abfalls der Vereinigten Niederlande"[110] fällte der unbestechliche und namhafte Historiker Barthold Georg Niebuhr ein vernichtendes Urteil. Da Geschichte keine Tatsachensammlung ist, obwohl Leopold von Ranke ihre Aufgabe darin sah, „zu sagen wie es gewesen ist", wird weder die älteste noch die neueste Zeit jemals als historisch abgeschlossen und endgültig bezeichnet werden können. Immer bringt die Gegenwart neue Aspekte hervor und setzt die bekannten in eine andere Beziehung, so daß jedes Geschichtsbild schwankt, nicht nur dasjenige von Wallenstein nach den Worten von Schiller und nicht nur deshalb, weil sein Bild „von der Parteien Gunst und Haß verwirrt" ist. Was soll man dazu sagen, wenn der Historiker Michael Freund am Anfang seiner 1960 erschienenen „Deutschen Geschichte"[111] die Ansicht vertritt, es gebe kein deutsches Volk und habe nie ein solches gegeben? Was ist dann deutsch, was ist Volk, was ist Geschichte und Geschichtsschreibung, wenn man nicht einmal über die geschichtliche Substanz von Volk und Staat einig werden kann? Wie ist dann überhaupt Geschichtschreibung als Interpretation möglich?

Ludwig Feuerbach sprach den oft zitierten Satz aus: „Gott war mein erster Gedanke, die Vernunft mein zweiter, der Mensch mein dritter und letzter." Auguste Comte, dem Kreis um St. Simon angehörig, faßte den geschichtlichen Prozeß als eine dreigliedrige Entwicklung auf, deren erste Phase die Religion, deren zweite die Philosophie, deren dritte und letzte der Positivismus sei; er verstand darunter die von Metaphysik und Aberglauben befreite, von philosophischen Skrupeln losgelöste Phase menschlicher Selbstbestimmung innerhalb ihrer gesellschaftlichen Lebensbedingungen. Die Drei-Phasen-Theorie ist so modern wie die Geschichtsauffassung von Rudolf Steiner und seine Lehre vom sozialen

---

[110] Vgl. Schiller-Ausgabe in 5 Bänden von Benno v. Wiese, Köln 1959.
[111] Freund, Michael: Deutsche Geschichte, Gütersloh 1960.

Körper und so alt wie die griechische Unterscheidung vom goldenen, silbernen und eisernen Zeitalter, die vermutlich noch weiter zurückreicht. Der neapolitanische Professor der Rhetorik Gian Battista Vico (1668—1744) entwickelt ein Dreistadiengesetz der Geschichte, beginnend mit einem Urzustand, fortgesetzt in Fortgang, Höhepunkt, Untergang. „Jede eigenständige Gemeinschaft durchläuft nach ihrer geistigen Haltung und nach ihren Rechtsformen drei Stadien und dazu einen Urzustand, den stato ferino, in dem eigentlich noch nichts Menschliches zu erkennen ist. Diese drei Kulturphasen, die sich in der geschichtlichen Zeit jedes Volkes abspielen und weder im einzelnen noch im ganzen umkehrbar, auswechselbar oder wiederholbar sind, nennt Vico mit den Namen: „das Götterzeitalter, das Heroenzeitalter und das humane Zeitalter."[112] Der calabreser Theologe und Abt Joachim da Fiore (gest. 1202) greift die Drei-Phasen-Konzeption in allen möglichen Variationen auf und wendet sie theologisch, philosophisch und dichterisch in zahlreichen anschaulichen Vergleichen an.[113] Von ihm stammt in Anlehnung an die Dreifaltigkeit die Unterscheidung des Reiches der Schöpfung von Gott Vater, des Reiches der Liebe von Gott Sohn, des Reiches des Geistes von Gott Hl. Geist. An diese Unterscheidung knüpft die Vorstellung vom Dritten Reich, wie sie Ibsen in seinem Drama „Kaiser und Galiläer" erwähnt.[114] Johann Plenge (gest. 1963) glaubte, daß aus seiner Erwähnung von Joachim da Fiore und von Ibsen die Kenntnis vom Dritten Reich an Moeller van den Bruck gelangt ist und von dessen gleichnamigem Buch (Berlin 1921) in das Arsenal der nationalsozialistischen Schlagwörter übernommen wurde.

Es gibt eine wirtschaftstheoretische Parallele zu der Drei-Phasen-Theorie der Geschichte, nämlich die Theorie der Wirtschaftsstufen. Bei nur geringen Abweichungen ergeben sich nach G. Schönberg, K. Bücher, H. Proesler u. a. ebenfalls drei Phasen, mag man sie nach der Selbstversorgung, der Marktentfaltung, nach dem Naturaltausch, der Geldwirtschaft, der Kreditwirtschaft oder sonstwie unterscheiden. Geht man in die Frühgeschichte, so begegnet man wiederum einer Dreigliederung, nämlich in der Unterscheidung der Steinzeit, Bronzezeit und Eisenzeit.

---

[112] Stadelmann, Rudolf: Gian Battista Vico, in: Große Geschichtsdenker. Ein Zyklus Tübinger Vorlesungen, hrsg. v. R. Stadelmann, Tübingen und Stuttgart (1949), S. 131—147.

[113] Joachim von Fiore: Das Reich des Heiligen Geistes (Werke, Auszüge), aus dem Lateinischen übersetzt v. R. Birchler, bearb. v. Alfons Rosenberg, Dokumente religiöser Erfahrung, hrsg. v. A. Rosenberg, München-Planegg 1955; s. a. Fink, Karl August: Joachim von Fiore, in: Große Geschichtsdenker, hrsg. v. Rudolf Stadelmann. Ein Zyklus Tübinger Vorlesungen, Tübingen und Stuttgart (1949), S. 95—110.

[114] Zahlreiche Hinweise in den politisch-philosophischen Schriften von Johann Plenge. Auswahl von Hanns Linhardt, Berlin 1964.

All diesen Unterscheidungen ist die Vorstellung einer geschichtlichen Kontinuität gemeinsam. Das ist sicher bedeutsamer als die Prüfung der Richtigkeit von Unterscheidungsmerkmalen und die Gültigkeit einer linearen Entwicklung vor der Kreislaufidee.

In der Universalgeschichte der ältesten Geschichtschreibung vor und nach Thukydides treten wirtschaftliche Inhalte kaum in Erscheinung. Im Mittelpunkt stehen die großen politischen Ereignisse, Schlachten und Feldzüge, Ruhmestaten, innere und äußere Kämpfe um Thron und Macht. Die literarischen Zeugnisse von Plutarch, Xenophon, auch von Aristoteles haben den Beigeschmack nüchterner Nebensächlichkeiten nie ganz verloren, genau so wie die Schriften von Cato und Cicero. Sie konnten neben Homer und Vergil nicht als gleichwertig gelten, zumal in der humanistischen Schultradition der Studienräte.

Der Landbau steht in der Darstellung der antiken Wirtschaft an erster Stelle, vom Bergbau sind meines Wissens keine Schriften überliefert, obwohl die Gold- und Silbergewinnung, das Schmelzen von Kupfer und Eisen älter sind als die Anfänge der hellenistischen Welt.

Die Schriften des christlichen Mittelalters gewinnen durch die klösterliche Kultur und ihren literarischen Niederschlag mehr und mehr an wirtschaftlichem Inhalt. Die klösterliche Arbeitsteilung gewinnt ihrerseits durch die Hochschätzung der Arbeit (ora et labora), die Pflege der Bodenkultur im weitesten Sinn mit den zahlreichen handwerklichen Fertigkeiten des Gerbens, Färbens, Spinnens, Webens usw. Sicherlich hat es seit dem frühen Mittelalter mehr an Literatur wirtschaftlichen Inhaltes gegeben als seit der Renaissance und dem Humanismus in das historische Bewußtsein der Nachwelt eingedrungen ist. Der Grund liegt darin, daß Beschreibungen wirtschaftlicher Vorgänge eben keine literarische Wertschätzung erfuhren. Wer hätte sich schon für die Vorratpflege nach der Ernte, für die Konservierung von Lebensmitteln, für die Gewinnung von Bier und Wein mehr interessiert als der Hersteller, der überwiegend mit dem Verbraucher identisch war. Erst der Verwertungsgedanke, der aus der Herstellung durch Veräußerung Vorteile erhoffte, führte dazu, der Stoffgewinnung und Stoffverarbeitung ein breiteres Interesse zu widmen. Dies setzt eigentlich erst im 15. und 16. Jahrhundert ein, wesentlich durch die Erfindung der Buchdruckerkunst begünstigt und auch hernach werden Hausrezepte und Verfahrensweisen über die Zubereitung von Speisen, die Konservierung von Lebensmitteln nicht das hervorragende Interesse des Historikers gefunden haben. Der holländische Altphilologe und Historiker Johan Huizinga („Herbst des Mittelalters") macht darin eine einzige Ausnahme, daß er in seiner Darstellung Küche und Keller und die Tafelfreuden in historischer Würdigung so wichtig nimmt wie Krieg, Jagd und Turniere. Als der im

## 1. Universalgeschichte

Schatten von Wilhelm Hegel an der Berliner Universität lehrende Historiker August Böckh sein großes Werk über „Die Staatshaushaltung der Athener" schrieb, dachte man mitleidig darüber, daß seine Geisteskraft auf ein Nebengeleise geschoben wurde, da Hegel die Geschichtsphilosophie sich vorbehalten hatte.

Heute noch zögert die Geschichtschreibung, sich mit wirtschaftlichem Stoff zu befassen und gerade die Kulturgeschichte, die ihm am nächsten steht, erfindet lieber eigenständige Formalprinzipien statt das Stoffliche als geschichtsbildend aufzunehmen, wenn auch nicht in dem Maß wie es Thomas Jefferson in seinem Ausspruch verstand: „The only thing, that matters is matter." Macht man geltend, daß die Bauweise der Völker ein hervorragendes Kulturmerkmal ist, so wird eingewandt, es sei Sache der Anthropologie und Ethnographie, zu unterscheiden, daß die Menschen sich ein Blätterdach bauen, Bambusstäbe zu Zelten und Hütten fügen, ehe sie Holz-, Ziegel- und Steinbauten errichten. Wirtschaft und Kultur haben in der geschichtlichen Darstellung noch nicht zusammenfinden können, am ehesten in der angelsächsischen Geschichtschreibung, wie sie von David Hume, dem Lehrer von Adam Smith, eingeleitet, von Edward Gibbon, Edmund Burke, Thomas Buckle, Thomas Babington Macaulay bis George Macaulay Trevelyan und Arnold Toynbee fortgesetzt wurde, wobei sich ein neuartiger Zweig der englischen Geschichtschreibung mit der amerikanischen Zivilisation befaßt, am eindrucksvollsten in dem Standardwerk von James Bryce („The American Commonwealth", 1888) und auf amerikanischem Boden fortgesetzt (Charles Byrd: „The Rise of American Civilization", 1929). Ähnlich wie in den Gemeinschaftswerken, etwa der Propyläen-Weltgeschichte werden neuerdings umfassende historische und frühgeschichtliche Gesamtdarstellungen zahlreicher Autoren erarbeitet, wie das vor einigen Jahren erschienene Werk „Die Welt, aus der wir kommen" (1962) oder „The Cambridge Economic History of Europe" oder „Harvard Studies in Business History".

Man könnte neben den herkömmlichen Gründen für den Beginn der Neuzeit auch die Aufnahme wirtschaftlichen Stoffes in der Zeit vor und nach der Reformation verstehen. Beispiele hierfür sind die gesellschafts- und wirtschaftskritischen Schriften von Sebastian Brant („Das Narrenschiff", 1494) und Seb. Frank, nicht minder die Schriften von Thomas Münzer, Martin Luther, Johannes Eck, Ulrich von Hutten, weniger die überwiegend theologischen und philosophischen Abhandlungen von Philipp Melanchthon und Erasmus von Rotterdam.

Das 17. und 18. Jahrhundert erfährt im Zeichen des Merkantilismus bzw. Kameralismus eine ungewöhnliche Bereicherung der Wirtschaftsliteratur mit zahlreichen glänzenden Namen, originellen Einfällen wie bei J. J. Becher und einer ungeheuren literarischen Produktion wie bei

P. J. Marperger. Im 19. Jahrhundert setzt sich die Vertiefung und Spezialisierung der wirtschaftlichen Fachliteratur fort, am ersten in der landwirtschaftlichen Betriebslehre (A. Thaer, Aereboe u. a.); die Industriebetriebslehre beginnt mit der Beschreibung des Bergbaus, Maschinenbaus, vorwiegend im Zeichen der sog. Gewerklehre wie bei A. Lindwurm und A. Emminghaus. Die betriebswirtschaftliche Auswertung dieser Periode steht noch in ihren Anfängen (A. Voigt, H. Ludwig, E. Leitherer, W. Vollrodt u. a.).

## 2. Sozial- und Wirtschaftsgeschichte

Erst Ende des 19. Jahrhunderts löst sich die Sozial- und Wirtschaftsgeschichte aus der allgemeinen und politischen Geschichte. Einer der bedeutenden Vorläufer dieser Entwicklung auf deutschem Boden ist Wilhelm Heinrich Riehl mit seinem Werk „Die Naturgeschichte des deutschen Volkes", seiner Untersuchung über die Arbeit, seinen gesammelten Aufsätzen und Vorträgen (Stuttgart 1873). Diese wirtschaftliche Betrachtung ist in der wissenschaftlichen Überlieferung vorgeprägt und vorbereitet durch die sog. ältere und die neuere historische Schule der Nationalökonomie; üblicherweise zählt zu der älteren Fr. List, B. Hildebrand, C. Knies, zu der jüngeren K. Rodbertus, W. Roscher, G. Schmoller; als letzter eigentlicher Schmoller-Schüler darf wohl Carl Brinkmann gelten (gest. 1958). Die sog. schöngeistige Literatur seit Anfang des 19. Jahrhunderts oder bereits seit Mitte des 18. Jahrhunderts enthält reiches Material für eine Wirtschafts- und Sozialgeschichte. Das soziale Drama, wie es von Gerhart Hauptmann gestaltet wird (Hanneles Himmelfahrt, Der Biberpelz, Die Weber, Fuhrmann Henschel) ist vorbereitet im Naturalismus von Strindberg und Ibsen, früher noch im Realismus von Thackeray und Charles Dickens. Armut und Hunger, Not und Entbehrung, hartes Schicksal in der Fremde, in der Lehre, im Beruf war das wiederkehrende Grundthema bei Gottfried Keller, Wilhelm Raabe, Richard Dehmel, insbesondere aber bei Emile Zola (Germinal, Arbeit). Der sog. Kaufmannsroman „Soll und Haben" von Gustav Freytag ist nach Ansicht von Theodor Fontane[115] ein bürgerlicher Roman politischen Inhaltes, der die Germanisierung des europäischen Ostens und die Kulturaufgabe Preußens in diesem Zusammenhang schildert.

In der Literatur Englands im 19. Jahrhundert erscheinen die Namen von Reformern und Agitatoren wie Robert Owen, Cobden, Bright, John Ruskin, die Biographien von Palmerston, Disraeli und Gladstone ohne

---

[115] Fontane, Theodor: Aufsätze zur Literatur, hrsg. v. Kurt Schreinert. München 1963.

daß aus „Political Science" und „History" die Herausbildung der Wirtschafts- und Sozialgeschichte damals erkennbar geworden wäre.

Überdenkt man das Verhältnis dieses neueren Zweiges der Geschichte zur Betriebswirtschaftslehre, so ist es nicht enger als etwa deren Verhältnis zum Handel seit dem 17. Jahrhundert[116]. Das ist erstaunlich, denn der Reichtum des 19. Jahrhunderts mit seinem geistigen Niederschlag der Übergangserscheinungen vom Absolutismus zum Bürgertum, vom Kleinstadtidyll zur Weltperspektive, von der Agrarstruktur zum Industrialismus, vom Original — ob Genie oder Kauz — zur Massengesellschaft hätte eine historische Würdigung in betriebswirtschaftlicher Sicht erwarten lassen. Wer dächte nicht an K. Büchers „Gesetz der Massenproduktion" und E. Schmalenbachs „Selbstkostenrechnung", an die Probleme der Betriebsgröße, der Organisation, insbesondere der industriellen Fertigung und der Finanzierung, insbesondere der Marktfinanzierung durch die moderne Kreditaktienbank und die Effektenbörse. Ehe die Betriebswirtschaftslehre historische Probleme solcher Art aufgreifen und sich solchen Teilfragen wie Betriebs- und Unternehmungskonzentration, Arbeitsordnung, Arbeitswissenschaft, Marktbeobachtung usw. widmen konnte, war die geistige Ermüdung in der deutschen Nationalökonomie, das historische Desinteressement und danach die entschiedene Ablehnung historischer Blickrichtung eingetreten, unter deren Nachwirkung das heutige Verhältnis von Geschichte und Betriebswirtschaftslehre noch steht. Es bedarf neuer Antriebe und des frischen Mutes jüngerer Kräfte, diese lethargische Erstarrung zu lösen und zu überwinden, denn die in fruchtbarer Auseinandersetzung mit den Naturwissenschaften bezogenen Positionen der Geisteswissenschaften seit W. Dilthey, H. Rickert und W. Windelband sind seit M. Weber, E. Troeltsch und W. Sombart nicht weiter gefestigt und ausgebaut worden. Stattdessen vollzog sich die Desintegration der Soziologie und der Psychologie, von hier ergaben sich bisher nur vereinzelte und vom Fach nicht ermutigte Beziehungen zur Betriebswirtschaftslehre, die nicht ausreichen, diese aus dem Zustand der Einseitigkeit und der Isolierung zu befreien.

Außerdem fehlt es nach 1945 infolge der Reaktion auf die erzwungene Politisierung aller Lebensbereiche am politischen Interesse und Verständnis, an der nötigen Einsicht in die politische Bedingtheit aller wirtschaftlichen Tatsachen und Möglichkeiten. Dies gilt nicht nur für das politische Verständnis des gemeinen Mannes, sondern auch für die Presse und für die Wissenschaft.

Die sogenannte „Politische Wissenschaft", auch genannt „Wissenschaft von der Politik", wie sie nach 1945 von den USA übernommen wurde,

---

[116] Leitherer, Eugen: Geschichte der Handels- und Absatzwirtschaftlichen Literatur, Köln-Oplader 1961.

dort allerdings als „Political Science" unter anderen historischen und politischen Voraussetzungen besteht, führt bis heute in Westdeutschland ein umstrittenes, isoliertes Dasein, ohne mit den Rechts- und Wirtschaftswissenschaften in ein gedeihliches Verhältnis eingetreten zu sein.

Das politische Bewußtsein im echten und eigentlichen Sinn, nicht im pervertierten Sinn totalitärer Systeme, fehlt in der Betriebswirtschaftslehre völlig. Das zeigt sich am deutlichsten an ihrem fehlenden Verhältnis zum Freiheitsbegriff, ihrem mangelnden Verständnis für die Freiheit der Person, des Vertrages, des Marktes und dafür, was diese Freiheit an Verzicht auf größere Perfektion, bessere Planung, höhere Effizienz wert ist.

### 3. Kultur- und Zeitgeschichte

Nimmt man die Kulturgeschichte von Egon Friedell[117] zum Ausgangspunkt, so wird sogleich deutlich, wie umstritten die Behandlung der Kulturgeschichte sein kann. Noch mehr gilt dies für die Zeitgeschichte einschließlich der politischen Wissenschaft, die sich selbst vielfach damit befaßt oder gar damit identifiziert. Von Friedell wird man nicht sagen können, daß er eine enge Wechselbeziehung zwischen Kultur und Wirtschaft gesehen hat, eher betrachtete er die Schöpfungen der Kultur in ihren gegenseitigen Beeinflussungen und in engster Beziehung zur Hofhaltung bis Ende des 18. Jahrhunderts, weniger in Verbindung mit dem Bürgertum.

In der Musikliteratur meldet das Bürgertum seit Ende des 18. Jahrhunderts seine eigenen Ansprüche im Stoff und in der Thematik an, eingeleitet mit dem „Barbier von Sevilla" von G. Bizet, vorher noch in Mozarts „Figaros Hochzeit" nach dem Stoff von Beaumarchais[118]. Es folgen die Volksoper „Carmen", die romantischen Opern „Der Waffenschmied", „Zar und Zimmermann" von Albert Lortzing. Die bürgerliche Welt in historischer Kostümierung betritt die Opernbühne mit Wagners „Meistersinger", dem „Fliegenden Holländer" so wie die Malerei des 19. Jahrhunderts im französischen Impressionismus bis zur Moderne den Menschen im Beruf und bei der Arbeit bevorzugt darstellt (Meunier, Manet, Monet, Max Liebermann u. a.).

Über die Gründe für die Entstehung des Nationalsozialismus erfolgen seit Jahren immer wieder neue Untersuchungen, ohne daß bisher die Inflation, Vermögensumschichtung und Besitzenthebung hinreichend

---

[117] Friedell, Egon: Kulturgeschichte der Neuzeit. Die Krisis der europäischen Seele von der Schwarzen Pest bis zum Ersten Weltkrieg, 3 Bde., 23.—27. Aufl., München 1927—1931.

[118] Frischauer, Paul: Beaumarchais. Wegbereiter der großen Revolution. Hamburg 1961.

## 3. Kultur- und Zeitgeschichte

gewürdigt worden sind. Außer einigen Ansätzen gibt es bis heute keine kompetente Darstellung der Weltwirtschaftskrise, ihrer Verursachung und Auslösung[119]. Die noch 1964 durch die Presse gehenden Prozesse gegen die Machthaber in den Konzentrations- und Vernichtungslagern fördern über die wirtschaftlichen Hintergründe des Dritten Reiches und seiner politischen Ideologie so gut wie nichts zutage. Das wenige, was in dieser Hinsicht bekannt ist, stammt aus Hitlers „Mein Kampf" und seiner Konzeption von der Erweiterung des deutschen Lebensraumes nach dem Osten.

Eine betriebswirtschaftliche Auswertung der Kultur- und Zeitgeschichte ist bis jetzt ebensowenig versucht worden wie eine solche der Sozial- und Wirtschaftsgeschichte, es sei denn in monographischen Skizzen und Einzeldarstellungen der Wirtschaftsphilosophie, Wirtschaftspädagogik und der Germanistik. Hier liegen noch ungehobene Schätze, die der künftigen Bearbeitung harren. Bis es eines Tages dazu kommt, wird die heutige Betriebswirtschaftslehre erst eine Wandlung durchmachen müssen. Sie wird sich dem historischen Material erst zuwenden, wenn die mathematisch-naturwissenschaftliche Orientierung überwunden oder wenigstens ergänzt sein wird durch eine historisch-geisteswissenschaftliche Orientierung. Erst in einer solchen Ergänzung kann die Einheit der Betriebswirtschaftslehre angestrebt werden. Dies setzt voraus, daß die Erkenntnis an Boden gewinnt, nicht einzelne Funktionen, sondern die Einheit des Ganzen machen das eigentliche Thema der Betriebswirtschaftslehre; diese Einheit wird nicht durch Faktorkombination nach dem Einmaleins, sondern aus der Synthese von Geld und Gut in der lebendigen Einheit des Betriebes gewonnen, der seinerseits in der höheren Einheit der Unternehmung steht, die nach allen Seiten vom Markt umschlossen ist, von ihm aufnimmt und an ihn abgibt — ein System im System.

In seiner Probevorlesung 1903 sagt dies Plenge mit unmißverständlichen Worten, in denen bereits eine treffliche Kritik an der heutigen Art der Überbetonung einer einseitigen funktionalen Betrachtung und der Faktorkombination quasi aus sich selbst enthalten ist, weil diese heutige Art der Betrachtung das Allgemeine, nämlich das Geld als Medium des Tausches und als Organisationsmittel der Unternehmung verkennt.

„Geld hat ... wesentlich die Kombinationsfunktion, Produktivkräfte in der von der organisierenden Einzelwirtschaft für wünschenswert

---

[119] Vgl. hierzu die Memoiren von Herbert Hoover (New York 1951/52, deutsche Ausgabe 3 Bde., übers. v. W. v. Grünau, Mainz o. J.) und Harry S. Truman (New York 1955, deutsch v. E. Thorsch, Bern 1955/56); s. a. Galbraith, John Kenneth: The Great Crash 1929, New York 1954.

gehaltenen Zusammensetzung jeweils zu vereinigen. Ohne einen solchen kombinatorischen Organisationsfaktor kommen Produktionsfaktoren nicht zusammen, sind altes Eisen, ihren Gang gehende Natur und durcheinanderlaufende Menschen. Das sind die wirklichen, greifbaren Vorgänge unserer Wirtschaft ohne Geld."[120]

---

[120] Plenge, Johann: Zum Tableau Economique, in: Weltwirtschaftliches Archiv, Bd. 24, 1926, S. 109—129, S. 121. Zitiert bei Linhardt, Hanns: Kreditkontrolle, Essen 1954, und ders.: Plenges System der Verkehrswirtschaft, Finanzarchiv, 1954, abgedruckt in: Plenge-Linhardt: Das System der Verkehrswirtschaft, Tübingen 1964, S. 47.

## Namenverzeichnis

Aeroboe, Fr. 104
Achenwall, G. 57
Albach, H. 17, 91
Alexander d. Gr. 70 f.
Alexander VI. 69
Amberger, C. 28
Hl. Ambrosius 84
Anderson, A. 25, 45, 48
Andreas, W. 54
Hl. Antonin von Florenz 55
Aristoteles 23 f., 102
Armando, G. 48
Ashton, T. S. 32
Aubry, O. 54
Hl. Augustinus 84

Baasch, E. 37
Banse, K. 17
Bastian, F. 31, 34, 55
Bayer, E. 29
Bayer, G. 29
Beaumarchais 90, 106 f.
Becher, J. J. 41, 103
Bechtel, H. 34, 37, 94
Behaim, M. 69
Beloch, K. J. 29 f.
Below, G. v. 27
Benedikt, H. 46
Benediktus 84
Berger, K. H. 12, 23, 93
Bergler, G. 21
Bergschneider, I. 91
Berlichingen, G. v. 49
Hl. Bernhard von Siena, 56
Besson, W. 30
Beste, Th. 20
Birchler, R. 101
Bismarck, O. v. 75
Bizet, G. 106
Blochmann, E. 31
Bodin, J. 24, 31
Böckh, A. 29, 54, 59, 103
Bömer, K. 65
Braeß, P. 58

Brant, S. 40, 103
Bredt, O. 18
Brentano, L. v. 45, 47 f., 54
Bresson, J. 67, 77, 89
Bright, J. 104
Brinkmann, C. 104
Brodnitz, G. 37
Bryce, J. 103
Buckle, Th. 103
Bücher, K. 25, 65, 101, 105
Bülow, Fr. 12, 93
Büsch, J. G. 34
Burckhardt, C. J. 10, 29, 69
Burgkmair, H. d. Ä. 28
Burke, E. 103
Byrd, C. 103

Caesar, G. J. 54, 59
Calmes, A. 17
Calvin, J. 61, 90
Cator, M. P. 24, 102
Cicero, M. T. 24, 102
Clapham, J. 25
Cobden, R. 104
Colbert, J. B. 55, 89
Colleoni, C. B. 87
Columbus, C. 86
Comte, A. 100
Conrad, H. 55
Cotrugli, B. 34
Cranach, L. 28
Cunow, H. 73, 99

Davanzatti, B. 24, 34
Dehmel, R. 104
Descartes, R. 57
Deutsch, P. 17, 91
Dickens, Ch. 104
Dietz, A. 28
Dilthey, W. 105
Disraeli, B. 104
Dörschel, A. 13, 98
Dopsch, A. 54
Doren, A. 37

Dovifat, E. 65
Düker, A. 58
Dürer, A. 28, 49, 82
Duverney, P. 90

Eck, J. 61, 87, 103
Eheberg, K. Th. v. 84
Ehrenberg, R. 31 f., 60
Eisenhower, D. D., 74
Elisabeth I. 72, 90
Elle, K. 58
Emminghaus, A. 104
Endemann, W. 25
Engels, Fr. 40
Erasmus von Rotterdam 61, 87, 103
d'Ester, K. 65
Eucken, W. 16
Evans, A. P. 25

Farny, D. 58
Ferdinand II. 34, 55
Fettel, J. 13, 21, 23, 93
Feuerbach, L. 100
Fink, K. A. 101
Finke, E. 58
Fontane, Th. 104
Forker, H.-J. 21
Fränkel, M. 29
Franz I. 52, 67
Freund, M. 100
Freytag, G. 104
Friedell, E. 106
Friedrich II. 57
Friedrich d. Gr. 77
Friedrich d. Schöne 89
Friedrich Wilhelm I. 77
Frischauer, P. 90, 107
Frundsberg, G. v. 87
Fugger, A. 36, 61, 97
Fugger, J. 36, 50, 97

Galbraith, J. K. 106
Gattamelata, E. d. N. 87
Gaxotte, P. 90
Gehlen, A. 42
Gelzer, M. 54, 59
Hl. Georg 84
Gerloff, W. 99
Geyer, F. 49
Gibbon, E. 59, 103
Gladstone, W. E. 104
Göring, H. 70

Goethe, J. W. v. 5, 45
Gogol, N. 76
Goldschmidt, L. 25, 31
Graf, U. 28
Gresham, Th. 40, 90
Grimal, P. 54, 59
Grochla, E. 20, 79
Groß, K. 88 f.
Grote, L. 31
Groth, O. 65
Grünau, W. v. 106
Grünewald, M. 82
Guicciardini, F. 25, 31
Gustav Adolf 82
Gutenberg, E. 15, 17 f., 20, 98

Haacke, W. 65
Hagemann, W. 65
Halley, E. 57
Hamilton, A. 89
Hannibal 71
Harms, B. 43, 84
Hasenack, W. 17 f., 20, 32, 56, 58
Hauff, W. 42
Hauptmann, G. 104
Hax, K. 20, 80, 91
Hegel, W. 103
Heide, W. 65
Heinrich IV. 43, 52, 68, 77
Heinrich VIII. 68
Heinze, J. 91
Hellauer, J. 17, 56, 58
Helmer, G. 55
Henzel, F. 20
Henzler, R. 21
Herder, J. G. 31
Hering, E. 34
Heuß, Th. 10
Hieke, E. 46, 98
Hildebrand, B. 104
Hindemith, P. 76
Hobbes, Th. 57
Hodeige, F. 13
Hofbauer, H. 56
Holbein, H. 28
Homer 102
Hoover, H. 106
Huizinga, J. 37 f., 102
Hume, D. 103
Hundhausen, C. 19 f., 41
Hunke, S. 24, 54, 57
Hutten, U. v. 40, 103

Ibsen, H. 101, 104
Isabella I. 34, 55

Jagow, G. v. 76
Jefferson, Th. 54, 103
Joachim da Fiore 101
Jobst, H. 90
Johnson, L. B. 74

Kaegbein, P. 28, 46
Kalveram, W. 91
Karl V. 41, 55, 68, 87
Kellenbenz, H. 34, 46, 54, 89
Keller, G. 104
Keller, W. 30, 48
Kennedy, J. F. 74
Kerner, J. 42
Kerschagl, R. 90
Kheil, C. D. 34
Kiefer, O. 30, 54
Kilthau, M. 21
Klarwill, V. 64
Klaveren, J. van 32, 48, 54
Kleberger, H. 90
Klett, J. F. 51
Knies, C. 104
Koberger, A. 64
Koch, H., 17, 91
Koch, W., 19 f.
Köster, K. 37
Kötzschke, R. 54
Kosiol, E. 18, 79
Krämer, H. 91
Kropff, H. F. J. 19 f.
Küspert, H. 91
Hl. Kunigunde 43 f.
Kusch, E. 28
Kuske, B. 37, 60, 89

Laum, B. 99
Law, J. 89 f.
Leder, F. 91
Lehmann, M. R. 17
Leibniz, G. W. 57
Leitherer, E. 25, 32, 104 f.
Lenin, W. I. 70
Leonardo da Vinci 81
Lepiorz, G. 10
Leuchs, J. M. 34
Liebermann, M. 106
Liermann, H. 50
Lindwurm, A. 104

Linhardt, H. 12 f., 15, 18, 21, 23, 32, 36, 48, 74, 77, 79, 84, 86, 92 ff., 98 f., 101, 108
Lipson, E. 55
List, Fr. 104
Livius, T. 24, 68
Löbner, W. 98
Löffelholz, J. 5, 23, 25
Lopez, R. S. 25, 34
Lortzing, A. 47, 106
Ludovici, C. G. 34
Ludwig IX. 67
Ludwig XIV. 54, 67, 85, 89 f.
Ludwig der Bayer 89
Ludwig der Heilige 50
Ludwig, H. 104
Lübtow, U. v. 54
Luther, M. 40, 61, 87, 103
Lysinski, E. 98

Macaulay, Th. B. 103
Machiavelli, N. 68
Mahr, W. 58
Maier, R. 10
Melanchthon, Ph. 103
Malinowski, B. 73
Malynes, G. de 24
Manes, A. 58
Manet, E. 106
Mariejol, H. J. 34, 55
Marperger, P. J. 104
Marx, K. 33, 40, 84 f.
Mauersberg, H. 55
Maximilian I. 67, 75, 87
Medici, M. 51, 68
Mellon, A. 94
Mellerowicz, K. 12, 15, 17, 23, 93
Mendes Pinto, F. 48
Menéndez Pidal, R. 34
Merkel, H. G. 91
Meunier, C. 106
Meyer, C. W. 74, 77, 91
Meyer, E. 54
Meyer, P. W. 76
Michelangelo 81 f.
Mises, L. v. 98
Moeller van den Bruck, A. 101
Mommsen, Th. 29, 54, 59
Monet, C. 106
Moxter, A. 17
Müller, K. O. 34, 55
Müller, K. V. 56
Müller-Armack, A. 95

Müller-Lutz, H.-L. 58
Münsterberg, H. 95
Münzer, Th. 103
Muffel, N. 31
Muscheid, W. 17
Myers, G. 95

Napoleon 74
Necker, J. 89 f.
Neumann, B. 82
Neumann, F. 79
Newton, I. 57
Nicklisch, H. 17
Niebuhr, B. G. 50, 54, 100
Nowak, R. 91

Oberparleiter, K. 19 f.
Oeri, A. 29
Oppenheimer, F. 35
Oresme, N. 25
Ortega y Gasset, J. 10, 66, 72
Owen, R. 104

Pacioli, L. 69
Pähler, K.-H. 13
Pagel, K. 54
Palmerston, H. J. T. 104
Paret, R. 24, 54
Pascal, B. 57
Pastuszek, H. 92
Pegolotti, F. di B. 24 f., 34
Penndorf, B. 6, 34
Péreire, I. 80
Péreire, M. 80
Peri, G. D. 34
Petzet, M. 54
Pfeiffer, G. 84
Philipp II. 68, 87
Philipp der Schöne 52
Philipp von Orleans 90
Pitt, W. 55
Plato 24
Plenge, J. 12, 58, 61, 71, 92, 101, 107 f.
Plinius 24
Plutarch 23, 102
Pöhlmann, G. 91
Pölnitz, G. v. 35 f., 43, 50, 54, 60 f., 89, 97
Poincaré, H. 96
Pompeius 54
Poschinger, H. v. 28
Postan, M. 25, 32, 34

Power, E. 25
Prion, W. 91
Proesler, H. 41, 101

Quesnay, F. 12
Quetelet, L. A. J. 57

Raabe, W. 104
Ranke, L. v. 64, 100
Rasch, H. G. 56
Rathenau, W. 95
Rau, K. H. 28
Raymond, I. W. 25, 34
Redlich, F. 96
Ress, F. M. 36
Rich, E. E. 25, 32, 34
Rickert, H. 105
Rieger, W. 13, 17, 21, 23, 80, 93
Riehl, W. H. 104
Riemenschneider, T. 44
Rittershausen, H. 91
Rodbertus, K. 104
Rodenberg, J. 65
Rörig, F. 27 f., 37, 39, 46, 54, 62, 72, 89
Roosevelt, F. D. 73, 95
Roover, R. de 25, 32, 34, 88
Roscher, W. 28, 104
Rosenberg, A. 101
Rostovtzeff, M. 29, 54, 59
Rousseau, J. J. 90
Rudolf von Habsburg 67, 75
Runtinger, M. 34
Rüstow, A. 73
Ruskin, J. 104

Salin, E. 73
Salomon, L. 65
Savary, J. 25, 31, 34, 94
Sayers, R. S. 32
Schaeder, H. H. 29
Schär, J. F. 17
Schäfer, E. 18 ff.
Scharmann, Th. 13
Schedel, H. 64
Schelsky, H. 72
Scheytt, M. 21
Schiller, Fr. v. 42, 72, 84, 100
Schippel, M. 95
Schlieper, Fr. 98
Schlözer, A. L. v. 57
Schmalenbach, E. 5, 20, 79, 91, 105
Schmidt, F. 80
Schmoller, G. 41, 104

Schneider, A. 58
Schnutenhaus, O. R. 19 f., 92
Schönberg, G. 87, 101
Schreinert, K. 104
Schulte, A. 34, 37, 54, 75
Schultheiß, W. 89
Schuster, L. 36
Schwantag, K. 32
Schwarz, H. 12, 23, 93
Schwarz, M. 97
Schweppermann, S. 89
Sée, H. 37
Seischab, H. 32
Seyffert, R. 5, 18 ff., 98
Sieber, E. H. 18, 21
Sielmann, I. 91
Siemens, W. v. 74
Sigismund 41
Simmel, G. 99
Smith, A. 25, 103
Solms, Max Graf zu 13
Sombart, W. 6, 28, 96
Specht, K. G. 56
Spengler, O. 73
Stadelmann, R. 101
Stammer, O. 12, 93
Stein, L. v. 28
Steiner, R. 100
Steinhüser, F. A. 41
Strieder, P. 35
Strindberg, A. 104
Süßmilch, J. P. 57
Sully, M. de B. 77, 89 f.

Taylor, F. W. 13, 76, 94
Teubner, B. G. 58
Thackeray, W. 104
Thaer, A. 104
Thalheim, K. C. 12, 93
Thiel, R. 41
Thomas v. Aquin 56
Thomas, K. 91
Thorsch, E. 106
Thukydides 102

Thurnwald, R. 73
Toynbee, A. J. 35, 73, 103
Trevelyan, G. M. 103
Truman, H. S. 74, 106
Tucher, L. 43, 90

Usher, A. P. 88
Uzzano, G. A. da 24, 32, 34

Veit, L. 31
Vergil 102
Vershofen, W. 41
Vico, G. B. 101
Voigt, A. 104
Vollrodt, W. 104

Wagner, A. 80
Walb, E. 5, 91
Wallenstein, A. E. W. v. 82
Weber, A. 73
Weber, E. 6, 25, 34
Weber, M. 28, 84, 105
Wedgwood, C. V. 55
Welser, B. 35
Welser, H. v. 35
Wessels, Th. 20
Wickert, L. 29
Wiese, B. v. 100
Wilhelm II. 76
Wilhelm von Oranien 55, 85
Wilhelmi 57
Wilke, H. 58
Willeke, F.-U. 25
Windelband, W. 105
Wittmann, W. 17
Wolff-Mönckeberg, T. 37

Xenophon 23, 102
Xerxes 70

Zimmermann, C. C. 56
Zola, E. 104
Zwiedineck-Südenhorst, H. v. 36

## Stichwortverzeichnis

Abendland 26, 35
Absatz 33, 37—42, 73
Absatzmarkt 33
— wege 24
Abschreibung 79
Abstraktion 14 f., 19
Accountant 76
Adel 37, 85
Ägypten 29, 35, 54, 59, 70 f.
Aktienbanken 58, 105
— gesellschaften 64, 97
— recht 58
Alexandrien 29, 35, 54
Alpenstraßen 41, 48
Amalfi 35, 88
Amberg 36 f.
Amsterdam 39 f., 46, 61, 81, 90
Anlagevermögen 78
Anschauung 14 f.
Antike 10, 23, 28, 30, 53 f., 72, 99, 102
—, Geschichtsbeschreibung 24, 102
—, Handelsartikel 33
Antiochien 30, 35
Antwerpen 39, 43, 46, 49, 60, 81, 90
Araber 23 f., 28 f., 35, 37, 54, 56 f., 67
Arbeitslosigkeit 70, 81
— teilung 24, 50
— wissenschaften 13
Arras 50
Astor 94
Athen 29, 53 f., 71
Augsburg 28, 36, 52, 60
Azincourt 45
Azteken 86

Babylon 24, 70 f.
Bagdad 35, 67
Bamberg 49
Bankgeschäft 60, 88
Barcelona 28, 68
Bardi 60
Basel 30, 43, 61
Begriffe 14
—, wirtschaftswissenschaftliche 78 f.

Berlin 52
Beschaffung 33—37
Beschaffungsmarkt 33
Betrachtungsweise 14
—, funktionale 5, 17—21, 98, 107
—, —, Geschichtsfeindlichkeit 5, 19
—, historische 5, 18 f., 22, 82, 96, 107
—, naturwissenschaftliche 9, 16, 107
—, totale 18
—, universale 18
Betrieb 18, 21, 23—26
Betriebsgattung 20 f.
— rechnung 24
— soziologie 13
— wirt 6
Betriebswirtschaftslehre 6, 15, 33, 79 f., 105 f.
—, allgemeine 21 f.
—, deutsche 5, 8
—, —, Geschichte 17, 25, 34, 104 f.
—, Einheit 10—14
—, geisteswissenschaftlicher Charakter 9—22, 107
—, Krise 18 f.
—, Leitbild 16
—, Literatur 34, 103 f.
—, Mitte 18 f.
—, Nachbardisziplinen 12 ff., 17 f., 94
—, Polarität 10—14
—, spezielle 12, 17—22, 98, 104
Bewertung 79
Beziehungen, menschliche 9, 98 f.
Bilanz 64, 79 f.
Bildung 72
Binnenschiffahrt 47 ff.
Böhmen 36
Borsig 94
Brabant 26, 50
Brandenburg 85
Bremen 46
Breslau 61
Brindisi 35
Brügge 25, 43, 50, 63
Buchdruckerkunst 64, 102

Buchhaltung 79
—, Geschichte 5 f., 69
Bürgertum 90, 105 f.
Buonsignori 60, 87
Burgund 26, 75
Byzanz 28, 30, 35, 49, 54, 58, 67

Celtis 31
Champagnermessen 28, 83
China 37, 48, 70, 87
Christentum 23, 26, 66, 87
Crédit Mobilier 80

Dänemark 39
Damaskus 30
Dampfmaschinen 51
Datenverarbeitung, elektronische 95
Denken, kaufmännisches 66
—, staatsmännisches 66 f.
Denkmodell 11
Denkschulung 14
Dienststellenplan 67
Diskont 56
Distribution 12, 23
Dominikaner 84
Drama, soziales 104
Dresden 52
Drittes Reich 70, 101, 107
Durchführung 69 f., 91

Effektenbörsen 39, 61
Einlagen 88
Eisenbahn 80, 99
Elektrizitätswirtschaft 80 f.
Empirie 10, 19
England 28, 47, 50, 57, 61, 67 f., 72, 75, 85, 90
Ephesus 29, 35
Erfindungen 72 f.
Erkenntnisproblem 14 f.

Faktorei 47, 63, 83, 97
Faktorkombination 21, 98 f., 107 f.
Familienbücher 34 f.
Familienunternehmung 26 ff., 31, 63, 97
Fernhandel 26 f., 31, 35, 38 f., 41, 45 f., 60, 62, 64, 68, 83
Fertigung 49—52, 84
Festungsbauten 81 f.
Feuerversicherung 55
Finanzagent 40, 43, 90
Finanzierer 83, 87 ff.

Finanzierung 79, 83—91, 105
Finanzsphäre 78
Finanzwissenschaft 13 f.
Flamen 47
Flandern 26, 28, 50, 68
Florenz 27 f., 31, 50, 60, 66, 88
Ford 94
Formprinzip 93, 96 f.
Forschung 15
Forschungsaufgaben, primäre 14 f.
—, sekundäre 14 f.
Frankfurt 28, 40, 49, 60 f.
Frankreich 28, 31, 41, 47, 51, 60, 66 ff., 72, 75, 77, 89 f.
Frondienst 82
Fürstenkredit 33, 88
Fugger 28 f., 36, 39, 43, 50, 60 f., 64, 87, 97
—, Bergbau 36
Funktionen, betriebliche 5 f., 19—22, 76, 91, 93, 97 f.

Geist 10 f., 95
—, kaufmännischer 28
Geld 10 f., 21, 42, 83 ff., 99, 107 f.
Geldmarkt 31 f., 40, 61
— rechnung 21, 74 f., 79 f., 83
— strom 11
— verschlechterung 42 f.
— wechsler 28 f.
— wesen, Geschichte 31
— wirtschaft 83, 87, 101
Gelehrtenrepublik 14
Gemeinschaftsforschung 14 f.
General Electric 73
General Motors 73, 95
Genf 83, 90
Gent 25, 50
Genua 49 f., 66, 68, 84
Germanen 48
Geschichtsauffassung 100 ff.
—, Drei-Phasen-Theorie 100 f.
Geschichtsbild 100
Geschlechterbücher 34 f.
Gesellschaft 53
Gesellschaftsvertrag 27, 97
Gewalt 10 f.
Gewinn 21, 55
Gewürzhandel 39
Goslar 30
Griechenland 30, 53 f., 59, 67, 70 f.
—, Agora 29
—, Wissenschaft 24

Großunternehmung 73, 81, 90, 94 f., 99
Grundherrschaft 27
Gruppenforschung 14
Gütermarkt 32
— strom 11
— welt 11
Gütezeichen 41
Gut 11, 107

**Hafenstädte** 47, 81
Hamburg 40, 45—48, 60, 71, 81
Handel 23, 28, 49, 60, 94, 98 f., 105
Handelsakademiker 34, 94
Handelsgesellschaften 40, 61, 66, 97
Handwerk 26 f., 46, 50 ff.
Hannover 57
Hanse 45, 48, 63
Harriman 94
Hebräer 24
Herbergswesen 42
Hermann-Göring-Werke A.G. 70
Herrschaftsformen 66
Hethiter 54
Hierarchie, privatwirtschaftliche 76 f.
Hindelang 41
Historiker 5 f., 27, 103
—, amerikanische 24, 28, 96, 103
—, englische 24, 103
Historische Schule 5, 104
Höchstetter 39 f.
Hohenzollern 69
Holland 26, 47, 66 ff., 72, 75, 85, 90
Holzschuher 34

**Imperial Chemical Industries (ICI)** 73
Indien 24, 37, 48, 70 f., 86
Industrialismus 105
Industrie 52, 94
Information 63 f., 65 f., 92
Ingenieur 93
Inkas 71
Integrierung 91
Investierung 78—82
—, Begriff 78 f.
Investitionsplanung 81
Islam 35, 56
Italien 28, 31, 35, 50 ff., 66 f., 89

**Juden** 35

**Kairo** 35
Kameralismus 94, 103

Kanäle 47, 81
Kapital 21
Kapitalassoziation 53
Kapitalismus 86 f.
—, Entstehung 25, 27, 40, 45, 84, 86, 97
Kapitalmarkt 31 f., 61
Karthago 71
Katholizismus 84 f., 90
Kaufmann 72, 93
—, akademischer 93 f.
Kelten 48
King's Lynn 28, 45
Kirche 83 f.
Kirchengeschichte 98
Kirche, Orden 26, 84
Kleiderordnungen 37
Kleidung 37 f.
Köln 30, 60 f.
Kolonialgesellschaften 90
Kolonien 69, 85
Kommunikation 53, 92, 95
Kommunikationsmittel 65
Konstantinopel 37
Konsumtion 12, 23
Konto 63
Konzern 77, 99
Koordinierung 91—99
Korporationsidee 26
Kostenrechnung 79
Krämer 45
Krakau 61
Kreditkrise 80
— wirtschaft 21, 32, 40, 60, 83, 87, 101
Kreuzzüge 35
Krupp 94
Kulturgeschichte 54 f., 73, 106 ff.

Lagerhaltung 45—47
Lagerstätten 45 f.
Landadel 27
Lebensversicherung 55, 57
Liberalismus 82
Lincoln 28
Lohn 43 f.
Lombarden 28, 67
London 28, 39, 43, 46, 52, 61, 63, 66, 81
—, Gildehaus 48
—, Stalhof 48
Lucca 27, 50, 66 f., 88
Lübeck 30, 38 f., 43, 45 f., 48, 66, 71, 81
Lüneburg 45
Lyon 28, 83, 90

## Stichwortverzeichnis

**M**acht 72
Magdeburg 30
Mailand 27, 31, 38, 66, 84, 88
Management 76, 96
Manager 72
Manlich 34
Mantua 88
Manufaktur 27, 50, 52, 94
Markt 23, 29—32, 39 f., 73
— aufsicht 30
— ordnung 30, 49
—, Topographie 30
Marseille 28
Maschinenfabrik Augsburg-Nürnberg (MAN) 51
Massengesellschaft 105
Mathematik 57
Mayas 71
Mazedonien 70
Medici 28, 50
Meissen 52
Mensch 9 f., 82, 98
Merkantilismus 68, 94, 103
Messen 31, 39 f., 46
Methode, mathematische 9, 15 f.
Milet 29
Mittelalter 30 f., 37, 54, 56, 60, 67, 72, 102
—, Geschichtsschreibung 102 f.
—, Kaufmann 37, 69
—, Lebenshaltung 37 f., 102
—, Wirtschaft 25 f., 63
—, Wirtschaftswissenschaft 24 f.
Mittelmeer 35, 48, 53
Montes pietatis 84
Morgenland 35
Motivforschung 13
Mühlen 51
Münzen 43, 59

Naturalwirtschaft 87
Neapel 35
Neuhaus 38
Nordafrika 56
Normalisierung 70 f.
Nürnberg 28, 31, 35—38, 43, 49, 51 f., 60, 64, 82, 88 f.
Nymphenburg 52

**O**bjekt 14
Objektbestimmung 18
Objektivität 16

Organisation 67, 92, 99
Ostsee 38 f.

**P**alermo 35, 49, 67, 88
Paris 32, 83
Patriziat 27, 30 f., 37, 66
Peelsche Bankakte 80
Persien 37, 53, 70
Peru 86
Peruzzi 60
Phönizier 53, 71
Pirckheimer 31
Pisa 27, 49 f., 66
Pitti 50
Planung 69—75, 91
—, öffentliche 70 f.
—, unternehmerische 73
Politik 105 f.
Portugal 48, 69, 72, 86
Post 41 f., 64 f., 71, 99
Preise, historische 43
Preispolitik 42—44
Preußen 77
Prinzipal 94 f., 97
Privatbankier 60 f., 88
Produktion 12, 23
Protestantismus 84 f., 90
Prüfer 74 f.
Prüfung 74—77
Prüfungsberufe 75 ff.
Psychologie 13, 105

**Q**ualität 9
Quantität 9

**R**aubritter 49
Realismus 104
Rechengeld 43
Rechnen 62, 75
Rechnungsprüfung 75
Rechnungswesen 62—69
—, Gliederung 65
Rechtsschutz 55
Rechtswissenschaften 13 f.
Regensburg 34
Reichtum 38, 72, 86
Risiko 53—56
— beschränkung 55, 64
Rockefeller 94
Rom 28, 30, 48, 54, 59, 66 f., 71
—, Forum 29
Roosevelt-Administration 95
Rosenberg 36

## Stichwortverzeichnis

Rückfracht 48
Runtinger 34 f.
Rußland 48, 54, 70

Sachversicherung 57
Schatzbildung 86
Scheurl 31
Schichau 94
Schiffahrt 47 f., 53, 56 f., 68, 71 f., 85
Schreiber, königlicher 74
Schriftlichkeit 62 f., 92
Schutzbrief 49
Schweden 39, 48, 85
Schweiz 31
Seedarlehen 54, 59
— handelsgesellschaft 53 f.
— versicherung 56
Selbstversorgung 33, 101
Siena 27, 50, 60, 66 f., 87 f.
—, Bankzusammenbruch 27
Sizilien 56 f.
Sklavenwirtschaft 53 f., 70, 85
Solingen 41
Sozialethik 9
— geschichte 54 f., 104, 107
— wissenschaften 9
Soziologie 13, 72, 91, 105
Spanien 36, 60, 68 f., 72, 86, 90
Spekulation 80
Spezialisierung 12, 15, 18 f.
Staatsbanken 88
Stadt 25 f., 28, 99
Standardisierung 70 f.
Steuerlehre, betriebliche 14
Steuerpächter 74
Stinnes 94
Straßburg 30, 43, 61
Stromer 34 f.
Strozzi 50
Subjektivität 16
Substanzerhaltung 79 f.
Südfrüchte 38
Sulzbach 36
Sumerer 30, 54, 58, 71
System 107

Tausch 83, 107
— belebung 33
Teamwork 95
Techniklehre 13
Tempelwirtschaft 30, 59
Theorie 10, 19
Thüringen 37

Thurn und Taxis 64 f.
Tirol 36
Transport 39, 41 f., 46, 49
— risiken 42, 46, 48 f.
— versicherung 34, 55
Tucher 40
Tyrus 29

Ulm 41
Umlaufvermögen 78
Umsatz 11
Ungarn 36
Universalgeschichte 100—104
Unternehmer 72
Unternehmung 21 ff., 26—29, 33, 53, 91
—, Geschichte 26, 28 f., 45, 89, 96 ff.
Unternehmungsformen 27, 93
— führung 26 f., 76, 78, 92, 94—97
Unternehmung, Versachlichung 94 ff.

Vanderbilt 94
Velden 38
Venedig 27, 31, 35 f., 49, 64, 66 f., 87 f.
—, Fandaco dei Tedeschi 29, 36
Venezuela 69
Vereinigte Staaten von Amerika 47, 57, 73 f., 81
Verfahrensweise 14 f.
Verkehrswirtschaft 10 f., 23, 30, 40
Verona 88
Verpackung 39, 41
Versicherung 56 ff.
Vertrag 27, 53, 56, 68
Verwaltung 66 f.
—, kaufmännische 67 f., 93 ff.
—, militärische 68, 96
—, öffentliche 67 f., 74, 77, 82, 95
Verwaltungswissenschaft 13
Verwertung 33, 86, 102
Verzinsung 58—61
Volkswirtschaftslehre 13, 33, 104 f.
Vorderasien 28—31, 35, 56, 71
Vorkauf 40
Vorrätigkeit 45, 86

Waräger 48
Warenbörsen 31, 39
Warendorp 34
Warenhandel 28, 60
— markt 32
Warschau 61
Wasserkraft 50 f.

Wechsel 32
Welser 39, 69
Weltwirtschaft 26, 37
Wertpapiere 32, 40
Wettbewerb 87
Wien 52
Wikinger 48
Wirtschaftsgeschichte 6, 73, 83, 102 ff., 107
Wirtschaftshistoriker 5
— kreislauf 11 f., 102
— —, Phasen 11 f., 23
— pädagogik 98
— soziologie 13
— stil, Invarianz 16
— stufen 87, 101
— wissenschaft 11
— —, Einheit 13
— —, Geschichte 24 f., 54 f.
— zweige 98
Wissen 14

Wissenschaft 12
—, Ausbildung 74
—, Disziplinen 14 f.
—, Leitbild 16
Wissenschaftler 14 f.
Wissenschaftliche Beiräte 74
Wittelsbacher 89
Wittenborg 34
Wuchergesetzgebung 61
Würzburg 45, 49


York 28
Ypern 25, 50


Zahlungsverkehr 88
Zeitgeschichte 106 ff.
Zins 56, 88
— satz 58 f.
— verbot 56, 61
Zisterzienser 84

Printed by Libri Plureos GmbH
in Hamburg, Germany